Le petit guide
du contrôle parlementaire

5-7, rue de l'École-Polytechnique, 75005 Paris

http://www.editions-harmattan.fr

ISBN : 978-2-336-41561-1
EAN : 9782336415611

Mélody Mock-Gruet & Hortense de Padirac

Le petit guide
du contrôle parlementaire

Editions Pepper

L'Harmattan

INTRODUCTION

« *Pour qu'on ne puisse abuser du pouvoir, il faut que, par la disposition des choses, le pouvoir arrête le pouvoir* »[1]. La préconisation de Montesquieu invite à ce que le pouvoir soit organisé de telle façon que les trois grandes fonctions de l'État, législative, exécutive et judiciaire, se limitent mécaniquement entre elles à travers l'exercice de leurs missions. Mise en œuvre de manière différente selon les régimes politiques, l'idée d'un équilibre entre les pouvoirs, posée par Montesquieu, reste un principe fondamental de nos démocraties libérales pour éviter l'arbitraire et protéger la liberté des citoyens contre la tyrannie.

Ainsi, le Parlement de la Vème République détient en partie la fonction législative, généralement bien connue du grand public. Mais il dispose également de missions de contrôle et d'évaluation du pouvoir exécutif. Manquant de notoriété, plutôt opaques, parfois nébuleuses, celles-ci constituent pourtant l'un des

1. MONTESQUIEU Charles-Louis, *De l'esprit des lois*, 1748, Paris, Garnier-Flammarion, 1979, tome 1, livre XI, chapitre 4, p. 293.

contrepoids essentiels. C'est pourquoi elles ont été confortées lors de la révision constitutionnelle du 23 juillet 2008, à l'article 24 de la Constitution, les plaçant au même niveau que l'élaboration de la loi : « *Le Parlement vote la loi. Il contrôle l'action du Gouvernement. Il évalue les politiques publiques* ». Aujourd'hui, le contrôle est devenu « *la fonction parlementaire par excellence* »[1], un des garants de l'État de droit.

Qu'est-ce que le contrôle parlementaire ?

Du point de vue du droit constitutionnel, le contrôle parlementaire est « *considéré comme un corollaire de la responsabilité du Gouvernement* »[2], ainsi que le souligne le constitutionnaliste Pierre Avril. Longtemps, le pouvoir de contrôle s'est résumé à la capacité de renverser le Gouvernement, propre à tout régime parlementaire[3]. Cette **faculté** appartient à **l'Assemblée nationale**, le Sénat ne pouvant qu'approuver une déclaration de politique générale du Gouvernement à sa demande.

Avec l'apparition du fait majoritaire, cette « *arme absolue* »[4] n'était plus efficace : sous la Vème République, une seule motion de censure a été votée en 1962. La révision constitutionnelle de 2008 a donc renforcé

1. LAUVAUX Philippe, « Le contrôle, source du régime parlementaire, priorité du régime présidentiel », *Pouvoirs*, n°134, intitulé le Contrôle parlementaire, septembre 2010, p. 35.
2. AVRIL Pierre, « L'introuvable contrôle parlementaire (suite) », *Jus politicum*, n°3, 2009, p.1.
3. Article 49 de la Constitution.
4. Comité de réflexion et de proposition sur la modernisation et le rééquilibrage des institutions de la Ve République, *Une Ve République plus démocratique*, Paris, Fayard, 2008, p. 51.

les outils déjà existants, grâce à un **ensemble de procédures et de moyens pour analyser, discuter et vérifier l'action du Gouvernement, et lui demander des comptes**, tels que la constitutionnalisation des commissions d'enquête, le renforcement du rôle des commissions parlementaires, la mise en place d'études d'impact pour les projets de loi, l'encadrement des pouvoirs de nomination du Président de la République, etc.

Bien que le Gouvernement tente parfois de limiter ce contrôle, grâce notamment au soutien de la majorité, force est de constater que les parlementaires, de tous bords politiques, disposent d'un véritable « espace de liberté »[1]. Ne se restreignant plus à l'activité gouvernementale proprement dite, ils s'attachent dorénavant à contrôler les politiques publiques dans leur ensemble. Cette liberté s'est vue encore renforcée par les élections législatives de juin 2022, le Gouvernement ne disposant désormais que d'une majorité relative.

Comment s'exerce cette prérogative constitutionnelle ?

Parallèlement à la mise en cause de la responsabilité du Gouvernement, que l'on pourrait qualifier de contrôle « *extraordinaire* » en raison de son importance politique mais aussi de la rareté, le Parlement dispose

1. THIERS Éric, « Le contrôle parlementaire et ses limites juridiques : un pouvoir presque sans entraves », in *Pouvoirs,* 2010/3 n°134, pp 71-81.

de moyens de contrôle plus « *ordinaires* »[1] destinés à demander des comptes au Gouvernement.

Ces **moyens de contrôle peuvent être individuels**, à l'image des questions écrites et orales. Mais une grande partie du contrôle reste toutefois assurée par des **procédures collectives**[2]. Pour illustration, les commissions permanentes jouent un rôle essentiel notamment en matière de contrôle budgétaire. Ainsi, pour la commission des finances, 190 travaux de contrôle et d'évaluation ont été réalisés par les rapporteurs spéciaux[3] sous la XVème législature (2017-2022). Il en est de même, en matière de financement de la Sécurité sociale, avec les commissions des affaires sociales de l'Assemblée nationale et du Sénat qui en sont chargées.

Si le contrôle est réalisé en **commission permanente**, il s'exerce également **en séance publique**, comme lors du contrôle de l'engagement des forces armées

1. DOSIERE René, « Le contrôle ordinaire », *Pouvoirs*, n°134, septembre 2010, pp. 37-46.
2. Dans la plupart des pays étrangers, les commissions parlementaires exercent des activités d'information et de contrôle. Le Parlement britannique comprend dix-huit commissions de contrôle, permanentes et spécialisées, dotées de pouvoirs d'enquête importants ; chacune suit un secteur de l'activité gouvernementale et publie des rapports auxquels le pouvoir exécutif est tenu de répondre dans un délai de deux mois. En Grèce, la *Vouli* comporte quatre commissions spéciales permanentes, l'une étant chargée du contrôle parlementaire des autorités administratives indépendantes et de l'évaluation des mesures contribuant à la transparence de la vie politique.
3. WOERTH Éric, *Rapport d'information sur l'activité de la commission des finances, de l'*économie générale et du contrôle budgétaire au cours de la XVème législature, AN, n° 5106, 22 février 2022.

ou lors de la déclaration sur un sujet déterminé par le Gouvernement sur le fondement de l'article 50-1 de la Constitution.

Si le contrôle s'exerce par des **moyens classiques**, il peut également être thématique, au sein de **structures *ad hoc***, comme la Mission d'évaluation et de contrôle des lois de financement de la Sécurité sociale (MECSS), instituée afin de renforcer le contrôle parlementaire sur les finances sociales.

Enfin, le **contrôle peut être continu**, l'article 48 de la Constitution prévoyant qu'« *une semaine de séance sur quatre est réservée par priorité et dans l'ordre fixé par chaque assemblée au contrôle de l'action du Gouvernement et à l'évaluation des politiques publiques.* » Cette disposition, introduite en 2008 par Jean-Luc Warsmann, alors président de la commission des lois et rapporteur du projet de loi constitutionnelle à l'Assemblée nationale, visait à lui conférer « *une solennité équivalente à celle de la fonction législative* »[1]. Pourtant le contrôle est **souvent temporaire**. C'est le cas notamment des commissions d'enquête, outil de contrôle le plus médiatique mais aussi l'un des plus coercitifs, qui ne peuvent excéder six mois d'existence. Celles-ci traitent souvent de questions qui font grand bruit dans l'opinion publique, au point que la Représentation nationale se voit contrainte de s'en saisir.

1. WARSMANN Jean-Luc, *Rapport fait au nom de la commission des lois sur le projet de loi constitutionnelle de modernisation des institutions de la Ve République*, n° 892, 15 mai 2008, p. 376.

Quelle est la différence entre le contrôle, l'information et l'évaluation ?

Le **contrôle parlementaire** se distingue de l'**évaluation des politiques publiques. Il concerne l'ensemble des procédures et outils d'investigation, qui permettent au Parlement de demander des comptes au Gouvernement**. Plus ou moins coercitif, ce pouvoir s'avère être gradué : la semaine de contrôle oblige le Gouvernement à répondre sur des sujets donnés. Les questions écrites engagent l'administration. Le pouvoir de contrôle des nominations présidentielles a la possibilité d'empêcher une nomination proposée par le Président de la République. Quant aux commissions d'enquête, elles peuvent avoir des conséquences judiciaires et la motion de censure peut renverser le Gouvernement.

Pour contrôler efficacement le Gouvernement, le Parlement a besoin d'être bien informé : il doit donc bénéficier de renseignements de qualité, riches et diversifiés. **L'information** est principalement recueillie grâce à deux instruments, les **auditions** et les **missions d'information**, qui permettent d'interroger de nombreux acteurs de la vie publique. Les parlementaires peuvent également s'informer grâce à d'autres structures, telles que les groupes d'études sur des thèmes particuliers.

Consacrée en 2008 à l'article 24 de la Constitution, parachevant ainsi le processus amorcé par la Loi organique relative aux lois de finances de 2001 (LOLF), qui avait doté le Parlement d'une compétence en matière d'évaluation budgétaire, **l'évaluation des politiques**

publiques a pour objectif « *d'apprécier l'efficacité de cette politique en comparant ses résultats aux objectifs assignés et aux moyens mis en œuvre* »[1]. L'évaluation produite par les deux chambres participe certes au débat démocratique en informant les citoyens sur l'usage des deniers publics, mais elle doit également permettre aux parlementaires de mieux légiférer. Il s'agit d'une démarche de connaissance, scientifique et pluraliste, qui tend à l'amélioration de l'action publique. Si, à la différence du contrôle, l'évaluation n'est pas tournée vers la sanction, elle peut tout à fait aboutir à émettre des critiques et des recommandations. Lors de sa mise en œuvre pratique en 2009, forts de traditions institutionnelles différentes, l'Assemblée nationale et le Sénat avaient procédé à deux lectures de leur mission évaluative : le Sénat a interprété cette nouvelle compétence comme l'occasion de développer le contrôle de l'application des lois, tandis que l'Assemblée nationale a choisi de mettre en place une méthodologie spécifique et une structure *ad hoc,* le Comité d'*évaluation et de contrôle des politiques publiques (CEC).* Depuis, l'Assemblée nationale effectue, elle aussi, un contrôle d'application des lois.

Néanmoins, une fois cette distinction faite, **il convient de souligner que la frontière peut s'avérer parfois floue entre ces missions.** En effet, l'article 57 de la LOLF dispose que les commissions des finances de l'Assemblée nationale et du Sénat « *suivent et contrôlent l'exécution des lois de finances et procèdent*

1. Décret du 18 novembre 1998, rappelé par Bernard Perret, dans *L'évaluation des politiques publiques,* La découverte, collection Repères, 3ème édition, 2014.

à l'évaluation de toute question relative aux finances publiques ». D'ailleurs, certains organes d'**évaluation peuvent bénéficier de pouvoirs de contrôle, comme les rapporteurs spéciaux du** Printemps de l'**évaluation.** De même, certains dispositifs d'information comme les missions d'information peuvent **également** se doter des pouvoirs d'une commission d'enquête, etc.

Pourquoi cet ouvrage ?

Les motions de censure, questions au Gouvernement et commissions d'enquête ne sont pas les seuls moyens de contrôle du Parlement, même si ce sont les plus connus et ceux qui jouissent de la plus grande visibilité médiatique. Afin de montrer l'étendue du contrôle, nous avons recensé les principaux outils à disposition des parlementaires : groupes d'amitié, délégations sénatoriales ou à l'Assemblée nationale, MECSS, commission des affaires européennes, questions orales sans débat, questions écrites, Office parlementaire d'évaluation des choix scientifiques et technologiques (OPECST), contrôle budgétaire, contrôle de l'engagement des forces armées, etc. Parce que le contrôle est étroitement lié à l'information et à l'évaluation, nous avons divisé cet ouvrage en trois parties : les prérogatives de la mission de contrôle, les outils d'information et les différents dispositifs d'**évaluation.**

Volontairement tourné vers la pratique, ce livre présente les différentes procédures d'information, de contrôle et d'évaluation parlementaires afin de permettre aux étudiants, aux journalistes, aux représentants d'intérêt, et plus largement à toute organisation et à tout citoyen de se saisir des enjeux techniques et politiques de ces missions. Bien que variés, les outils de contrôle sont longtemps restés sous-utilisés et demeurent aujourd'hui souvent méconnus du grand public. En cause, l'intérêt limité des médias, l'absence « d'une culture du contrôle » au sein du Parlement français, mais aussi la domination du fait majoritaire. La majorité a en effet eu tendance à se concentrer sur les activités législatives, laissant les activités de contrôle à l'opposition, sans vraiment s'inquiéter des conséquences, en raison de sa supériorité numérique. Pourtant, le contrôle est une fonction politique et institutionnelle fondamentale qui commence à faire grand bruit, pouvant même mettre le Gouvernement en difficulté. Très tôt, le Sénat en a fait un cheval de bataille, un pilier du contre-pouvoir face au Gouvernement. L'Assemblée nationale, élue en juin 2022, s'en rend désormais compte. En effet, le parti présidentiel n'ayant obtenu qu'une majorité relative, les oppositions sont sorties renforcées de ce scrutin. L'ensemble des groupes politiques, et même ceux appartenant aux alliés de la majorité plurielle, n'hésitent plus à utiliser pleinement les outils de contrôle afin de peser sur la politique gouvernementale.

Enfin, à noter que cet ouvrage fait un état des lieux des outils existants, mais que le Parlement faisant preuve d'inventivité en la matière, les procédures détaillées ici sont susceptibles d'évoluer dans les années à venir.

LES PRÉROGATIVES DE CONTRÔLE

LES QUESTIONS AU GOUVERNEMENT, LA *COMMEDIA DELL'ARTE*

Depuis la révision constitutionnelle de 2008, l'article 48 alinéa 6 de la Constitution dispose qu'« *une séance par semaine au moins, y compris pendant les sessions extraordinaires prévues à l'article 29, est réservée par priorité aux questions des membres du Parlement et aux réponses du Gouvernement* ». Au fil des législatures, les questions au Gouvernement (ou « QAG ») sont devenues un temps fort de la vie parlementaire. **Moment politique intense et très scruté par la presse, les QAG transforment bien souvent l'Hémicycle en théâtre**, les députés criant, s'invectivant et n'attendant en réalité nullement la réponse du Gouvernement. Cet outil, l'un des plus connus, a tendance à permettre aux parlementaires d'exister médiatiquement, plutôt que d'effectuer leur mission de contrôle.

Historique

Il a fallu un certain temps à la Vème République pour instaurer les QAG sous la forme que nous connaissons aujourd'hui. En 1968, Jacques Chaban-Delmas, alors président de l'Assemblée nationale, a souhaité dynamiser les séances de questions en proposant une nouvelle forme sans débat, les questions d'urgence, nommées par la suite questions d'actualité. Cette procédure, qui a eu cours de 1970 à 1973, se voulait beaucoup plus souple que les autres modes de questionnement. Ces questions, qui devaient porter sur un sujet d'actualité et d'intérêt général, étaient rédigées très sommairement ; elles pouvaient être déposées jusqu'au dernier moment, au plus tard deux heures avant la séance.

Les questions d'actualité ont été remplacées en 1974 par les questions au Gouvernement. L'idée de « *réserver chaque mercredi, en début d'après-midi, une heure pour des questions d'actualité, qui seraient posées à égalité de temps, et suivant une procédure à définir, par la majorité et par l'opposition* »[1] a été suggérée par le Président de la République Valéry Giscard d'Estaing, nouvellement élu, dans son message adressé au Parlement du 30 mai 1974. Tirant les leçons des tentatives de réforme entreprises dans les années 60 et 70, le président demandait « *au Premier ministre et à l'ensemble des ministres d'*être présents à cette séance du mercredi, afin de répondre personnellement et directement aux questions ». Le choix du mercredi après-midi s'avérait judicieux puisque la séance de questions au Gouvernement succédait au Conseil des ministres et que les députés étaient majoritairement présents à Paris ce jour-là.

1. GISCARD D'ESTAING Valéry, *Message du Président de la République au Parlement*, 30 mai 1974.

Procédure

La séance de QAG n'a cessé d'évoluer, de la Vème à la XVIème législature. À partir du 28 septembre 1995, deux séances d'une heure sont organisées le mardi et le mercredi à 15 heures. **La réforme du Règlement de l'Assemblée nationale** (RAN) **de 2019 a regroupé les deux séances en une séance unique de deux heures, le mardi de 15 heures à 17 heures**. L'article 133 du RAN pose les règles : la Conférence des présidents fixe la ou les séances hebdomadaires consacrées. La durée des QAG relève également de la Conférence des présidents, et rien n'empêche de réduire cette durée à 1h par semaine ou de l'augmenter à 3h. D'ailleurs, en septembre 2023, la présidente de l'Assemblée nationale, Yaëlle Braun-Pivet, envisageait de réformer l'organisation des QAG afin de les « dynamiser[1] ». Au cours de chacune de ces séances, chaque groupe pose au moins une question. La première question posée est attribuée de droit à un groupe d'opposition ou minoritaire ou à un député n'appartenant à aucun groupe. **Le Sénat a pris le créneau du mercredi après-midi, pour une séance de 1h15[2].**

1. LATTIER Anthony et BERTHOLOMEY Elisa, *Paris Playbook de Politico*, 20 septembre 2023.
2. Article 75 bis du Règlement du Sénat : « L'ordre du jour du Sénat comporte, une fois par semaine, des questions au Gouvernement en liaison avec l'actualité. Chaque sénateur intervenant dispose d'un temps de parole fixé par la Conférence des présidents, comprenant sa réponse éventuelle au Gouvernement. La Conférence des présidents arrête la répartition du nombre de ces questions entre les groupes et la réunion administrative des sénateurs ne figurant sur la liste d'aucun groupe en tenant compte de leur importance numérique et fixe les modalités de leur dépôt et de la procédure suivie en séance. »

La Conférence des présidents arrête **la répartition du nombre** de ces questions **entre les groupes politiques, en tenant compte de leur importance numérique**. Elle fixe également les modalités de dépôt. Au Sénat, pour l'année 2021-2022, 355 QAG ont été posées. Les Républicains (LR) en avaient 121, le groupe socialiste, écologiste et républicain (SER) 66, l'Union centriste (UC) 55. 22 pour chacun des groupes suivants : Rassemblement des démocrates, progressistes et indépendants (RDPI) ; Communiste républicain citoyen et écologiste (CRCE) ; Les Indépendants – République et Territoires (INDEP) ; Écologiste – Solidarité et Territoires (GEST) ; Rassemblement démocratique et social européen (RDSE). Et enfin 3 pour les non-inscrits[1]. Le groupe majoritaire de la Chambre Haute dispose donc d'un nombre plus important de questions qu'un groupe minoritaire. L'organisation générale des séances au Sénat, fixée par la Conférence des présidents du 7 octobre 2020, prévoit 16 questions par séance (ou 17 lorsqu'est inscrite une question des non-inscrits), dont 5 ou 6 pour LR, 3 pour SER, 2 ou 3 pour UC, et une question pour chaque groupe.

De même, à l'Assemblée nationale, le premier groupe d'opposition, qui est aujourd'hui le RN (Rassemblement national), peut poser davantage de questions que le groupe Horizons. Les statistiques de la première année de la XVIème législature illustrent cette répartition proportionnelle[2] :

1. www.senat.fr/fileadmin/Seance/Statistiques/Rapport_annuel/2021-2022/Tome_II_2021_2022.pdf
2.www2.assemblee-nationale.fr/16/statistiques-de-l-activite-parlementaire-sous-la-xvie-legislature/(session)/2022-2023

Questions au Gouvernement	**Session 2022-2023**	**XVIème législature**
Nombre de séances	33	37
Nombre de questions	924	1 033
Renaissance	164	184
Rassemblement national	131	147
La France insoumise -NUPES	132	148
Les Républicains	99	111
Démocrate (MoDem et Indépendants)	66	74
Socialistes et apparentés - NUPES	66	74
Horizons et apparentés	65	73
Ecologistes -NUPES	65	73
Gauches démocrate et républicaine -NUPES	66	74
Liberté, Indépendants, Outre-mer et Territoires	66	70
Députés non-inscrits	4	5

Les parlementaires qui prennent la parole sont désignés par leur groupe. C'est le président ou la présidente du groupe qui transmet au service de la Séance[1] la liste des députés choisis. Les thèmes des questions et le choix des parlementaires qui les poseront peuvent être décidés en bureau ou en réunion de groupe, parfois – et d'ailleurs souvent – le matin

1. Pour la préparation de la séance dans l'Hémicycle, le service de la Séance assure, notamment, le secrétariat de la Conférence des présidents, organe de l'Assemblée qui fixe l'ordre du jour et organise les débats.

même. La répartition des questions donne lieu à un jeu politique interne très important. Le nombre de questions posées précédemment par un député n'est donc pas nécessairement un critère d'attribution : l'impact politique de la question et le poids politique du député ou l'habitude qu'il a de traiter ce thème, ce qui renforce sa légitimité, sont le plus souvent pris en compte. En ce qui concerne le groupe majoritaire, les députés peuvent être amenés à poser une « QAG passe-plat » : il s'agit de QAG téléguidées par le Gouvernement lui-même.

Enfin, **il n'y a aucune obligation de transmettre au préalable le contenu** des questions à un service en particulier. Le site du Sénat précise même : « *Pour préserver la spontanéité des échanges, les sénateurs n'ont pas l'obligation de transmettre par avance leurs questions aux ministres qu'ils comptent interroger*[1]. » Le groupe transmettra seulement le nom des députés et du ministre à qui s'adresse la question, sachant que dans l'opposition, il est souvent de tradition d'interpeller le Premier ministre même si le champ concerne un ministre en particulier. En revanche, le député transmet traditionnellement le contenu de sa QAG à son groupe parlementaire, un peu avant de la poser[2].

1. https://www.senat.fr/connaitre-le-senat/role-et-fonctionnement/les-questions-dactualite-au-gouvernement.html
2. Pendant le premier confinement, il a été demandé à tous les groupes politiques de transmettre les thèmes exacts et les ministres concernés pour les QAG pour des raisons d'organisation : il n'y avait qu'un député présent dans l'Hémicycle pour représenter chaque groupe et peu de ministres habilités à être présents pour représenter les autres et ainsi répondre à la question.

Pratique

Si les questions écrites sont très codifiées, **les QAG laissent une grande liberté formelle** aux députés[1]. Ces derniers choisissent le thème et le ton de la question : ils peuvent interpeller directement un ministre, seules les menaces, les injures ou les provocations pouvant faire l'objet d'une sanction disciplinaire[2]. À noter que depuis la réforme du RAN de 2019, un droit de réplique a été instauré, permettant plus de vivacité dans la forme (tout en restant dans la limite des 2 minutes). Certains députés font donc une première question courte pour avoir le temps de répondre au ministre à la suite de son intervention. Les ministres ont également 2 minutes maximum pour répondre, sauf le Premier ministre, disposant d'un temps illimité selon l'usage.

En ce qui concerne le contenu, **les problèmes d'actualité constituent l'essentiel des sujets abordés par les différents groupes politiques** ; les questions de société, le fonctionnement des institutions, la conduite de la politique étrangère ou la politique économique sont périodiquement abordés. On retrouve d'ailleurs souvent les mêmes questions quand le Gouvernement est en difficulté (prix de la baguette, inflation, crise sociale, maintien de l'ordre, réforme des retraites) sous différents angles en fonction des groupes politiques.

1. Article 15 de l'Instruction générale du bureau : « II. – Les *questions au Gouvernement* ont un caractère spontané ; elles ne sont ni déposées, ni notifiées, ni publiées ».
2. *Journal officiel*, Débats à l'Assemblée nationale, 20 décembre 1984, p. 7222 et suivantes.

Bon à savoir

Les QAG constituent un moment médiatique important. Elles sont retransmises sur LCP (La Chaîne parlementaire), mais certaines le sont également sur les chaînes d'information en continu lorsqu'elles provoquent de vives réactions dans l'Hémicycle. **Certains députés utilisent des techniques pour se faire remarquer par les citoyens et les médias** : montrer un papier, une écharpe, un panier de courses... Cela peut même être une stratégie, tous les députés d'un groupe mettant une broche à l'effigie d'une cause, ou brandissant un carton rouge vis-à-vis du Gouvernement, etc. De même, lorsqu'un député prend la parole, ses collègues ont tendance à se masser à côté de lui, pour donner l'impression d'unité et de nombre. Les députés peuvent d'ailleurs se placer où ils le souhaitent, en restant bien évidemment dans le périmètre dédié à leur groupe. Certains députés se font aussi remarquer grâce à une tenue vestimentaire : Patrick Roy, député socialiste du Nord, décédé en 2011, était devenu populaire grâce à sa veste rouge lors de ses interventions. En novembre 2018, le député, ancien candidat à l'élection présidentielle, Jean Lassalle, avait arboré durant les questions au Gouvernement un gilet jaune, provoquant une interruption de séance de quelques minutes et écopant de 1 500 euros d'amende.

LES QUESTIONS ORALES SANS DÉBAT, UN INTÉRÊT LOCAL

Les parlementaires peuvent officiellement interroger le Gouvernement dans l'Hémicycle lors des questions orales sans débat (QOSD). Elles sont **posées à titre individuel par le parlementaire à un ministre et portent le plus souvent sur une problématique locale.**

Les questions orales au Gouvernement se pratiquent au Parlement britannique depuis le XVIIIème siècle, alors qu'en France elles ne sont apparues que sous la IIIème République. Le droit d'interroger le Gouvernement est consacré par la Constitution de 1958, avant d'être renforcé par les révisions constitutionnelles de 1995 et 2008. Dès sa mise en place, cette procédure a pâti de l'absentéisme des ministres et des parlementaires, aussi bien à l'Assemblée nationale qu'au Sénat. Le Conseil constitutionnel a alors considéré qu'un ministre au banc, même si ce dernier n'était pas celui qui avait été interpellé, pouvait répondre au nom du Gouvernement[1].

1. Conseil constitutionnel, décision n°23-25 DC du 21 janvier 1964 : « aux termes de l'*article 48, alinéa 2, de la Constitution, c'est au Gouvernement qu'il appartient de répondre aux questions des membres du Parlement ; que le Gouvernement est donc repré-*

Aujourd'hui encore, les séances QOSD se déroulent dans un Hémicycle quasiment vide ; néanmoins, l'efficacité d'un mode de contrôle ne se mesure pas à l'affluence en séance : les QOSD permettent aux députés d'obtenir une réponse du Gouvernement sur un problème, le plus souvent propre à leur circonscription.

Procédure

Selon l'article 134 du RAN, les règles d'organisation sont établies par la Conférence des présidents. Depuis la réforme constitutionnelle de 2008, la Conférence des présidents avait arrêté le principe d'une séance le mardi matin et une séance possible le jeudi matin, en semaine de contrôle. Désormais, la séance mensuelle est placée indifféremment dans telle ou telle semaine. Lors de l'examen des textes budgétaires, il arrive même qu'il n'y ait pas de QOSD, un rattrapage étant opéré par la suite.

À l'Assemblée nationale, 32 questions sont posées, réparties à la proportionnelle entre les groupes politiques, durant les trois heures de débat ; elles sont distribuées de manière paritaire aux députés des groupes majoritaires et d'opposition. Autrement dit, la moitié au moins des questions sont posées par des députés membres d'un groupe d'opposition, et chaque groupe

senté, pour répondre à chacune d'elles, par celui de ses membres que le Premier ministre a désigné à cet effet, sans que ce choix puisse faire l'objet d'une ratification ou d'une récusation par un membre du Parlement ; que, par suite, la disposition qui subordonne à l'accord de l'auteur de la question l'intervention d'un membre du Gouvernement autre que le ministre techniquement compétent ne peut être regardée comme conforme à la Constitution ».

pose au moins une question. Les questions des non-inscrits dépendent de la Conférence des présidents.

La feuille verte (ordre du jour arrêté en Conférence des présidents) précise la date mais ne donne pas le détail des questions posées :

MARDI 28	*À 9 heures :* - Questions orales sans débat.	*À 15 heures :* - Questions au Gouvernement. - CMP Pt adaptation au droit de l'Union européenne dans les domaines de l'économie, de la santé, du travail, des transports et de l'agriculture (826). - Débat sur les conséquences de la baisse démographique en France et les politiques à mettre en œuvre pour y remédier. (5)	*À 21 h 30 :* - Débat sur la lutte contre la fraude sous toutes ses formes. (6)

Concernant l'attribution des QOSD, la pratique dépend des us et coutumes de chaque groupe : les parlementaires sollicitent souvent un créneau auprès de leur groupe politique. Il peut donc y avoir une liste d'attente, car il y a peu de places.

L'ordre d'appel des questions est déterminé par le cabinet du ministre chargé des relations avec le Parlement, en liaison avec les conseillers parlementaires des différents ministres interrogés. Cet ordre dépend de la disponibilité des ministres concernés pour répondre sur le fond ou de celle de leurs collègues qui acceptent de venir les suppléer. Ainsi, il arrive souvent qu'un député demande à son groupe un horaire de passage précis, mais que le groupe ne puisse malheureusement pas le lui confirmer. En revanche, le groupe peut prévenir la Séance d'une préférence, en particulier si le député vient d'une circonscription éloignée de Paris, sans pour autant s'assurer du résultat. En outre, si le député est absent (retenu dans son train qui est en retard par exemple), il est préférable alors qu'il prévienne son groupe parlementaire afin que celui-ci lui trouve un député présent (souvent un collègue qui devait également poser une QOSD ce jour-là) et qui pourra le représenter en lisant la question, préparée en avance.

Forme

Depuis 2007, les questions sont transmises informatiquement auprès du groupe politique auquel appartient le député. Elles doivent être rédigées en style indirect de manière succincte : l'article 15 de l'Instruction générale du bureau dispose que **les QOSD doivent être brièvement rédigées de manière à se limiter aux éléments strictement indispensables à la compréhension de la question**. Elles reprennent la forme d'une question écrite. La question doit être déposée sur le portail de l'Assemblée nationale, dans l'onglet « Dépôt des questions écrites ». Une fois dans l'onglet, il suffit de cocher « question orale » au lieu de « question écrite ». La question est ainsi automatiquement transmise au groupe parlementaire auquel appartient l'élu, qui la remettra au président de l'Assemblée, en notifiant au Gouvernement. Ces questions paraissent au *Journal officiel (JO)*, une semaine avant leur passage en séance. Il n'est donc plus possible de changer de sujet. Ces QOSD – en forme de questions écrites – sont déposées le lundi et le mercredi par les groupes parlementaires en vue de leur examen lors des séances du mardi et du jeudi de la deuxième semaine qui suit. Pour le passage dans l'Hémicycle, la QOSD est la plupart du temps retravaillée pour qu'elle soit présentée à l'oral et non plus sous la forme d'une question écrite. Elle contient donc souvent plus d'éléments que le texte déposé au *JO*. Six minutes sont consacrées à chaque question, comprenant la question posée, la réponse du ministre et une ultime réponse du député[1], ce dernier pouvant prévoir sa réplique au ministre, s'il sait déjà plus ou moins ce que le Gouvernement va lui répondre, ou alors pour appuyer sur un point en particulier.

Au Sénat, les règles de dépôt, de recevabilité et de publication des questions orales sont identiques à celles des questions écrites. Les questions orales sont déposées directement par leurs auteurs auprès de la division du contrôle et des questions dans l'application BASILE. Après avoir été vérifiée, la question orale est enregistrée et dotée d'un numéro. Le texte de la question orale est porté à la connaissance du ministre interrogé par l'intermédiaire du ministère chargé des relations avec le Parlement, auquel elle est transmise numériquement *via* BASILE. Il en est de même pour sa transmission au *JO* en vue de sa publication dans le fascicule hebdomadaire des questions mis en ligne tous les jeudis matin[2]. Par ailleurs, selon l'article 75 alinéa 3 du RS (Règlement du Sénat), un sénateur qui n'aurait pas obtenu la réponse à une question écrite dans le délai réglementaire de deux mois peut demander sa transformation en question orale, ce qui emporte automatiquement le retrait de la question écrite. Une séance est organisée chaque mois,

1.www.assemblee-nationale.fr, Les questions orales, Fiche de synthèse n°55.
2. https://www.senat.fr/fileadmin/Seance/Documents/Guides_pratiques/Le_controle_en_seance.pdf

habituellement le mardi matin (des séances supplémentaires pouvant être décidées) pour une durée d'environ 3 heures, avec 45 questions. L'auteur de la question dispose d'un temps fixé par la Conférence des présidents, comprenant sa réplique éventuelle. Le sénateur dispose aujourd'hui de deux minutes pour poser sa question et le ministre bénéficie également de deux minutes pour lui répondre. Une question retirée de l'ordre du jour dans un délai trop court avant la séance plénière ne peut être remplacée par une autre question orale et, de ce fait, le « créneau » disponible est perdu alors que le rôle des questions orales en attente d'inscription est « chargé ». La Conférence des présidents précise la date et détaille les questions posées.

Bon à savoir

Cette procédure permet au ministre interpellé de donner une réponse précise au parlementaire. L'idée n'est donc pas de le surprendre politiquement – comme c'est le cas des QAG – mais plutôt d'obtenir une réponse détaillée du ministre. Le parlementaire pourra alors transmettre la réponse au secteur intéressé ou aux personnes concernées. Les vidéos des questions sont très souvent utilisées sur les réseaux sociaux ou les newsletters des parlementaires. Il ne faut pas oublier de transmettre la QOSD à la presse quotidienne régionale si le parlementaire défend un intérêt particulier à la circonscription, comme la fermeture d'une école rurale. Cet outil pourrait également être mieux connu des citoyens, des associations, ou des représentants de différents secteurs, ce qui leur permettrait de proposer un sujet aux parlementaires et d'obtenir ainsi une réponse rapide de la part du Gouvernement.

LES QUESTIONS ÉCRITES, UNE PROCÉDURE ANCIENNE

Les questions écrites (QE) constituent, avec les questions orales, le mode de contrôle de l'action gouvernementale le plus ancien, consacré en France en 1909. Selon l'article 135 du RAN, « *les députés peuvent poser des questions écrites à un ministre. Les questions qui portent sur la politique générale du Gouvernement sont posées au Premier ministre* ». Le texte de ces questions doit être remis « au *président de l'Assemblée qui le notifie au Gouvernement* »[1].

Intérêt de l'instrument

Les QE présentent de nombreux avantages qui expliquent leur succès. **Tout d'abord, il est possible d'en poser tout au long de l'année, même hors session. Les questions écrites permettent aux parlementaires d'obtenir des réponses rapidement** : le Règlement des assemblées prévoit que les ministres disposent de deux mois après la publication de la question pour y répondre[2].

1. Article 135 du RAN.
2. Voir l'article 135 du RAN ainsi que les articles 74 et 75 du RS.

Ensuite, **les QE sont faciles d'accès** : non seulement les questions et les réponses sont publiées au *JO*, mais elles sont également consultables sur le site Internet de l'Assemblée nationale et du Sénat. La publicité donnée aux questions écrites en fait « un service public de consultation gratuite »[1] sur les pratiques administratives, à destination des administrés comme des élus qui s'interrogent sur l'interprétation d'un texte, l'application d'une réglementation ou le fonctionnement des services. Elles sont également riches d'enseignements à la fois sur les préoccupations des citoyens et sur les sujets qui intéressent les députés : si les questions portent sur des sujets variés, certains thèmes sont toutefois récurrents, tels que la santé, l'organisation de l'*État ou la politique économique et industrielle.*

En cas d'absence totale de réponse, les parlementaires ont la possibilité de faire pression sur le Gouvernement pour l'obtenir. Ils peuvent **renouveler leur question** autant de fois que nécessaire, ce qui sera mentionné au *JO* ; mais cette procédure ne les assure pas d'obtenir une réponse. En revanche**, le « signalement »** d'une QE, instauré depuis 1995 par Philippe Seguin, alors président de l'Assemblée nationale, permet aux parlementaires d'obtenir de façon certaine des réponses. Chaque semaine, les présidents de groupe choisissent vingt-cinq QE, réparties entre les groupes politiques à la proportionnelle, qui sont les questions écrites « *signalées* » au *JO* ; les ministres s'engagent à y répondre dans un délai de dix jours.

1. PRELOT Marcel, *Institutions politiques et droit constitutionnel*, Paris, Précis, Dalloz, 1957, p. 433.

Alors même qu'elle ne figurait pas dans le règlement initial, cette procédure a bien fonctionné et figure, depuis 2014, à l'alinéa 7 de l'article 135 du RAN.

Enfin, **les réponses des QE sont aujourd'hui opposables**, depuis l'article L312-3 du code des relations entre le public et l'administration de la loi du 10 août 2018. L'article L312-3 vise « *la publication, les instructions, les circulaires ainsi que les notes et réponses ministérielles qui comportent une interprétation du droit positif ou une description des procédures administratives* » (article L312-2). Certaines réponses ont d'ailleurs été annulées par la justice administrative[1].

Limitation de leur nombre à l'Assemblée nationale

Victimes de leur succès, les QE ont subi une « hyperinflation »[2]. Alors qu'en Allemagne les députés ne peuvent poser que quatre questions écrites par mois[3], en France, leur nombre est resté longtemps illimité : on recense 3 700 QE posées en 1959, 12 000 en 1994, 28 365 en 2011[4] et 33 840 pour la session 2012-2013. Les députés avaient la possibilité d'en déposer autant

1. JANUEL Pierre et MARINESE Vito, *La Fabrique de la loi,* Les petits matins, 2023, p. 226. Les auteurs renvoient en exemple à la décision n°432067 du Conseil d'État du 27 septembre 2019. L'article 2 de la décision dispose : « *La dernière phrase de la réponse du ministre de l'économie et des finances, n° 18 137 à M. C..., député, publiée au Journal officiel du 30 avril 2019, est annulée.* »
2. DOSIERE René, « Le contrôle ordinaire », *Pouvoirs,* Seuil, n°134, 2010, p. 40.
3. LE DIVELLEC Armel, *Le Gouvernement parlementaire en Allemagne. Contribution à une théorie générale,* Paris, Bibliothèque constitutionnelle et de science politique, LGDJ, tome 119, p. 428.
4. *Idem.*

qu'ils le souhaitaient. L'analyse des QE montrait que les députés les plus connus étaient ceux qui en posaient le moins.[1] La première conséquence de cette inflation était le retard pris par les ministères dans la publication de leurs réponses. L'autre inconvénient de la multiplication des questions était la qualité très inégale des réponses. Si certains responsables répondaient précisément au problème soulevé par le parlementaire, d'autres se contentaient d'apporter quelques éléments de contexte très généraux. En outre, les réponses tendaient à se standardiser : toutes les questions posées sur la revalorisation du statut des sages-femmes, entre décembre 2013 et avril 2014, ont reçu une réponse identique. De même, beaucoup de députés avaient tendance à déposer exactement la même question, souvent proposée par une fédération ou un autre organisme.

La résolution 437 du 28 novembre 2014 modifie l'article 135 du RAN, prévoyant que : « *la Conférence des présidents fixe, avant le début de chaque session ordinaire, le nombre maximal de questions écrites pouvant être posées par chaque député jusqu'au début de la session ordinaire suivante* ». **La Conférence des présidents du 9 juin 2015 a alors fixé à 52 le nombre maximal de questions pouvant être déposées par chaque député** pour la période allant du 1er octobre 2015 au 30 septembre 2016 ;

1. En revanche, certains députés, moins connus, trouvent dans les questions écrites un mode de contrôle dans lequel ils peuvent s'investir librement. Ainsi, les députés Jean-Jacques Candelier (GDR) et Marc Le Fur (UMP) ont posé chacun neuf cent quarante-cinq questions pour la seule session 2012-2013. Voir BECKMEZIAN Hélène, « La boulimie parlementaire des questions écrites passée au crible », blog *Chambres à part. L'actualité de l'Assemblée nationale et du Sénat*, 4 novembre 2013.

ce chiffre est légèrement supérieur à la moyenne du nombre total de questions écrites posées par chaque député. En fin de législature, la dernière année d'octobre à juin, le nombre de questions est souvent fixé à 39. **Le nombre de questions a alors drastiquement diminué et le taux de réponse a augmenté, même si le temps de réponse reste aléatoire en fonction des ministères.**

Sous la XVème législature, sur 45 764 questions écrites déposées, 34 331 ont fait l'objet d'une réponse. Sur 4 187 pour la session 2021-2022, 3 820 en ont reçu également. Chaque député en fait usage comme il le souhaite, mais on peut voir une différence entre chaque groupe politique, en fonction notamment de son importance numérique[1].

Pratique au Sénat

Au Sénat, dans un souci d'efficacité, la Conférence des présidents a décidé, lors de sa réunion du 2 avril 1986, d'instituer une règle permanente de caducité des questions écrites déposées depuis plus de deux ans et n'ayant pas reçu de réponse. Au début de chaque session ordinaire, les sénateurs concernés sont donc avertis par courrier électronique de la caducité de leurs questions et invités, s'ils le souhaitent, à les déposer de nouveau. Sur décision de la Conférence des présidents, les questions peuvent également être frappées de caducité en cas de changement de Gouvernement

1. Le détail se trouve sur le site de l'Assemblée nationale : www2.assemblee-nationale.fr/15/statistiques-de-l-activite-parlementaire-sous-la-xve-legislature

ou de législature, ce qui est habituellement décidé dans ce dernier cas.

Le site du Sénat présente une analyse complète et didactique des questions écrites posées par les sénateurs[1]. Il classe même les ministères en fonction du taux de réponse, des délais, du nombre de questions, à travers un « palmarès ».

47 % des questions écrites ont obtenu une réponse	11 % des questions écrites ont obtenu une réponse dans les délais (deux mois)	2 615 questions écrites restent en attente de réponse	dont 1 821 questions écrites en attente de réponse depuis plus de deux mois

Palmarès des ministres

Les ministres sont classés selon différents critères :

- par taux de réponse ;
- par taux de réponse dans les délais ;
- par nombre de questions en attente de réponse ;
- par nombre de questions ayant obtenu une réponse.

Accédez aux classements

Consultez les statistiques détaillées par ministre

Les dernières observations de la Conférence des Présidents

Lors de sa réunion du mercredi 18 janvier 2023, la Conférence des Présidents, rappelant le précédent bilan établi le 14 décembre 2022, a constaté l'augmentation du de réponse global du Gouvernement aux questions écrites, passé de 33 à 43 % (chiffres au 12 janvier 2023).

Le taux de réponse dans le délai réglementaire de deux mois reste cependant quasiment stable, passant de 7 à 10 %, ce qui nuance la progression constatée.

2 699 questions attendent une réponse, dont 1 865 déposées depuis plus de deux mois.

Les ministres qui doivent progresser :

- Intérieur : le plus grand nombre de questions en attente (476) et un taux de réponse inférieur à la moyenne gouvernementale (15 %)
- Justice, Solidarités : taux de réponse bien inférieur à la moyenne gouvernementale (respectivement 24 et 28 %) et un grand nombre de questions en attente (respectivement 115 et 132)
- Enfance : aucune réponse parvenue depuis le 13 octobre 2022

Les ministres qui donnent l'exemple :

- **Relations avec le Parlement, égalité entre les femmes et les hommes et outre-mer** : 100 % des questions ont obtenu une réponse
- **Europe et affaires étrangères** : taux de réponse en forte progression (de 61 % à 92 % avec 52 réponses transmises)
- **Santé** : taux de réponse passé de 33 à 46 % avec 100 réponses communiquées

1. Questions écrites : palmarès des ministres - Sénat (senat.fr).

Forme

Cette procédure se déroule par voie électronique depuis 2008. Une application y est d'ailleurs dédiée sur le portail Internet des assemblées. L'ensemble des QE est consultable sur le site Internet de l'Assemblée nationale et du Sénat. Chaque citoyen peut même demander à être alerté de la parution de la réponse à une question écrite qui l'intéresse en cochant la case prévue à cet effet.

À l'Assemblée nationale, la question écrite doit respecter une forme précise. Rédigée au style indirect, elle commence toujours en précisant à quel ministre elle s'adresse. L'application de dépôt de questions écrites, disponible sur le portail, propose automatiquement un choix de formules acceptées en préambule :

« M. ou Mme PRÉNOM et NOM du député

- attire l'attention de
- rappelle à M. le Ministre
- interroge Mme la Ministre
- alerte M. le Ministre sur
- appelle l'attention de Mme la Ministre sur

Le contenu de la question doit ensuite être sommairement rédigé, en ne comprenant que les éléments indispensables à la compréhension de la question, qui se termine souvent par une phrase du type : « Elle/lui demande de bien vouloir préciser... ». Enfin, il faut donner un titre à la question. Après avoir enregistré le projet de question, il ne faut pas oublier de cliquer sur l'onglet « Modification, dépôt réel des questions en projet » afin de la déposer définitivement.

Bon à savoir

Certains parlementaires utilisent les QE pour répondre aux interrogations de leurs administrés (portant par exemple sur la hausse du prix de l'électricité, la fermeture d'une maternité, la prise en charge du handicap, etc.). Même si la QE n'a pas reçu de réponse, le fait de l'avoir posée permet aux parlementaires de montrer qu'ils ont tenu compte de leur préoccupation. C'est pourquoi la question et la réponse sont souvent communiquées à la personne qui a saisi son élu. Les parlementaires peuvent également choisir de doubler la question écrite d'un courrier adressé au ministre afin de maximiser leurs chances d'obtenir une réponse et surtout de montrer leur implication à travers leur intervention, en transmettant une copie à l'administré ou en la relayant sur les réseaux sociaux.

LA SEMAINE DE CONTRÔLE, UN MOMENT POLITIQUE SOUS-ESTIMÉ

L'article 48 de la Constitution, modifié par la réforme constitutionnelle du 23 juillet 2008, prévoit le partage de l'ordre du jour entre le Parlement et le Gouvernement, avec une semaine consacrée au contrôle et à l'évaluation. Sur chaque séquence de quatre semaines, deux sont fixées par le Gouvernement et une semaine est dédiée au « contrôle de l'action du Gouvernement et à l'évaluation des politiques publiques ». La semaine restante est fixée par les assemblées.

Ces semaines de contrôle donnent lieu à des débats ou des séances de questions, et notamment des QOSD. À noter tout de même qu'une semaine de contrôle peut parfois être « écrasée » pour un texte budgétaire[1]. **La Conférence des présidents du Sénat et celle de l'Assemblée nationale disposent aujourd'hui d'une grande liberté pour déterminer l'ordre du jour de la semaine de contrôle.**

1. Art. 48, alinéa 3, RAN.

Organisation à l'Assemblée nationale

Le calendrier prévisionnel de la session ordinaire permet de connaître les dates relatives à la semaine de contrôle[1]. C'est également le cas au Sénat.

La feuille verte, établie par la Conférence des présidents, fixe l'ordre du jour et donne le programme législatif et de contrôle des semaines à venir en séance publique. Elle **précise lorsque c'est une semaine de contrôle et on peut y voir les thèmes des débats, choisis par les groupes politiques, indiqués en note**.

ORDRE DU JOUR DE L'ASSEMBLÉE NATIONALE
(Conférence des présidents du vendredi 17 février 2023)

DATES	MATIN	APRÈS-MIDI	SOIR
Semaine du Gouvernement **FÉVRIER** **VENDREDI 17**	*À 9 heures :* - Suite Pt loi de financement rectificative de la sécurité sociale pour 2023 (760, 814).	*À 15 heures :* - Suite odj du matin.	*À 21 h 30 :* - Suite odj de l'après-midi. ***À minuit :*** - Motion de censure *(art.49, al. 2, de la Constitution)* : discussion et vote. (1)
Semaine de contrôle **LUNDI 27**		*À 16 heures* ***(salle Lamartine)*** *:* - Débat sur la réforme des retraites et la pénibilité. (2) - Débat sur les retraites et la protection sociale dans la fonction publique. (3)	*À 21 h 30 :* - Débat sur le thème : "Hyper-concentration des dépenses du ministère de la culture en Île-de-France : une fatalité ?". (4)
MARDI 28	*À 9 heures :* - Questions orales sans débat.	*À 15 heures :* - Questions au Gouvernement. - CMP Pt adaptation au droit de l'Union européenne dans les domaines de l'économie, de la santé, du travail, des transports et de l'agriculture (826). - Débat sur les conséquences de la baisse démographique en France et les politiques à mettre en œuvre pour y remédier. (5)	*À 21 h 30 :* - Débat sur la lutte contre la fraude sous toutes ses formes. (6)

1. www2.assemblee-nationale.fr/static/16/seance/calendrier.pdf

Pour l'opposition, le créneau privilégié est le mardi soir, car il y aura le plus grand nombre de députés présents et la meilleure visibilité. Sous la XVème législature, cette plage horaire appartenait au groupe LR ; elle est passée depuis 2022 au RN, premier groupe d'opposition sur le plan numérique.

Chaque groupe d'opposition ou minoritaire a droit à l'inscription d'un sujet d'évaluation et de contrôle. Le groupe transmet son thème au plus tard sept jours avant la Conférence des présidents qui précède la semaine de contrôle. Le groupe désigne souvent un orateur, pour le représenter. Il arrive parfois que certains groupes n'en aient pas, particulièrement en fin de semaine.

Une séance de questions-réponses a lieu avec comme premier intervenant un député appartenant au groupe qui a choisi le thème. Il dispose d'environ 5 minutes. Puis chaque groupe dispose d'un intervenant qui peut prendre la parole à la tribune. Le ministre saisi peut alors prendre la parole. S'ensuivent une ou deux questions (de 2 minutes chacune) posées par un ou deux députés du groupe demandeur du débat, auxquelles le ministre répond. Enfin, chaque groupe peut prendre la parole, avec un ou plusieurs députés en fonction de ses proportions, toutes les interventions appelant une réponse du ministre.

Des personnalités extérieures peuvent aussi être conviées pour être entendues comme lors du débat sur la politique grand âge demandé par le groupe LIOT (Libertés, Indépendants, Outre-mer et Territoires), le lundi 3 avril 2023. Cette séance a eu lieu dans la salle Lamartine et non dans l'Hémicycle. La Conférence des présidents avait alors acté la tenue d'une table ronde d'une heure, composée de communications de différents représentants non parlementaires. Une intervention liminaire du ministre, puis un échange d'une heure de questions (la durée des questions et réponses étant de 2 minutes sans droit de réplique) suivirent.

Organisation au Sénat

Au Sénat, cette semaine est consacrée à des débats, soit sur des thèmes proposés par les groupes, soit sur les conclusions de rapports d'information. Des propositions de résolution peuvent également être examinées. Le calendrier prévisionnel de la semaine de contrôle est disponible dans la conclusion de la Conférence des présidents, établissant l'ordre du jour des séances.

SEMAINE DE CONTRÔLE

Mercredi 8 février 2023

À 21 h 30

- Proposition de résolution européenne, en application de l'article 73 quinquies du Règlement, sur l'**avenir** de l'**Agence européenne** de **garde-frontières** et de **garde-côtes (Frontex)**, présentée par MM. Jean-François RAPIN et François-Noël BUFFET (texte de la commission, n° 298, 2022-2023) (demande du groupe SER et du GEST)

Ce texte a été envoyé à la commission des lois avec une saisine pour avis de la commission des affaires européennes.

• Délai limite pour le dépôt des amendements de commission : lundi 30 janvier à 12 heures

• Réunion de la commission pour le rapport et le texte : mercredi 1er février matin

• Délai limite pour le dépôt des amendements de séance : lundi 6 février à 12 heures

• Réunion de la commission pour examiner les amendements de séance : mercredi 8 février matin

• Temps attribué aux orateurs des groupes dans la discussion générale : 1 heure

• Délai limite pour les inscriptions de parole dans la discussion générale : mardi 7 février à 15 heures

Le débat d'initiative sénatoriale peut être organisé à la demande d'un groupe politique, d'une commission permanente, de la commission des affaires européennes, d'une délégation ou de toute autre instance non permanente[1]. Cette faculté a été introduite par la réforme du Règlement de juin 2009. **Pour l'organisation du débat, la Conférence des présidents jouit d'une grande liberté**[2]. Plusieurs formes existent : le débat peut par exemple donner lieu à une discussion générale avec un temps de huit minutes dédiées à l'auteur de la demande, puis une répartition proportionnelle du temps pour les autres groupes politiques. Le Gouvernement dispose de deux minutes pour répondre après l'intervention liminaire de l'initiateur du débat. Les autres orateurs réalisent ensuite une intervention d'une minute. Le ministre peut répondre à nouveau pour cinq minutes, avant que le sénateur à l'origine du débat ne conclue pour une durée de cinq minutes.

La Conférence des présidents peut également organiser une séance de questions/réponses avec interventions liminaires de l'auteur de la demande, puis du Gouvernement, qui disposent chacun de huit minutes. S'ensuit un débat interactif, sous la forme de 16 questions réparties entre les groupes politiques. Chaque sénateur dispose de deux minutes pour poser

1. *Le contrôle en séance (débats, questions d'actualité et questions orales) et les questions écrites des sénateurs,* Direction de la Séance, Sénat, juillet 2022, pp. 12-13.
2. En application de l'article 29 ter, alinéa 1 du RS, la Conférence des présidents dispose d'une compétence générale pour l'organisation des débats et « *fixe la durée globale du temps dont disposeront les orateurs des divers groupes ou ne figurant sur la liste d'aucun groupe* ».

sa question et éventuellement répliquer. Une conclusion de cinq minutes est accordée à l'auteur de la demande, l'orateur pouvant cependant être alors différent de celui s'étant exprimé en introduction du débat.

Enfin, la Conférence des présidents a décidé de mettre en place une nouvelle formule : des débats d'actualité organisés au cours des semaines de contrôle après les questions d'actualité au Gouvernement, sur un thème et un format fixés par le président du Sénat sur proposition des groupes politiques, et dans le respect du pluralisme, quelques jours avant la séance. Le premier débat d'actualité a eu lieu le 2 février 2022.

Bon à savoir

Peu connues, les semaines de contrôle sont parfois considérées comme « *les parents pauvres*[1] » du contrôle. Maxime Lambrecq, chef adjoint du service politique de France Inter, parle même de « *débats stériles dans l'Hémicycle*[2] ». Cet instrument suscite en réalité peu d'attrait pour les médias mais également pour les parlementaires, les débats n'étant jamais suivis d'un vote.

1. Les cuisines de l'Assemblée, blog, le Monde.fr, article de Brice Lacourieux, 1 décembre 2021.
2. https://www.radiofrance.fr/franceinter/podcasts/l-edito-politique/l-edito-politique-du-mercredi-03-mai-2023-9730852

Pourtant, aujourd'hui, ces débats sont l'occasion pour les groupes d'opposition d'aborder des sujets d'actualité très politiques et d'interpeller le Gouvernement en lui demandant de se prononcer. On peut même y voir des stratégies différentes selon les groupes : sous la XVème législature (2017-2022), les LR avaient dédié une de leur séance aux entreprises, juste après avoir proposé un livret de 50 propositions sur le sujet. Depuis 2022, le RN utilise cet outil avec des thèmes comme « le localisme », ou le « débat sur l'état de l'école de la République », alors que LFI le mobilise pour revendiquer son opposition frontale, notamment avec la « répression » du mouvement social contre la réforme des retraites.

LA DÉCLARATION DE L'ARTICLE 50-1 DE LA CONSTITUTION, UN CONTRÔLE POLITIQUE SANS EFFET JURIDIQUE

Selon l'article 50-1 de la Constitution, créé par la révision constitutionnelle du 23 juillet 2008 : « *devant l'une ou l'autre des assemblées, le Gouvernement peut, de sa propre initiative ou à la demande d'un groupe parlementaire au sens de l'article 51-1, faire, sur un sujet déterminé, une déclaration qui donne lieu à débat et peut, s'il le décide, faire l'objet d'un vote sans engager sa responsabilité* ». **Si le Gouvernement peut prononcer son discours sur un sujet déterminé, il faut toutefois distinguer cette procédure, moins efficace politiquement, de celle de l'article 49 de la Constitution, par laquelle le Gouvernement met en jeu sa responsabilité.** Avec ou sans vote organisé, le dispositif de l'article 50-1 permet un contrôle de l'Assemblée nationale et du Sénat sur le pouvoir exécutif. Il donne notamment à l'opposition la possibilité de s'exprimer sur un sujet politique précis lors du débat.

Procédure

Tout d'abord, **la déclaration concerne un champ circonscrit et non la politique générale du**

Gouvernement. La déclaration peut avoir lieu soit dans les deux chambres du Parlement, soit dans une seule, soit successivement dans les deux. Le Premier ministre peut prendre la parole, mais cela peut également être un autre membre du Gouvernement.

Pour l'Assemblée nationale, l'application de l'article 50-1 se trouve à l'article 132 du RAN. Concernant le débat, l'alinéa 2 donne les grands principes : le temps global est fixé par la Conférence des présidents, les groupes d'opposition disposant de la moitié de ce temps. Chaque groupe bénéficie d'un temps minimal de dix minutes, pouvant être scindé en plusieurs orateurs[1].

L'organisation du débat au Sénat est régie par l'article 29 ter du RS. La Conférence des présidents fixe la durée globale du temps dont disposeront les orateurs des divers groupes ou ne figurant sur la liste d'aucun groupe. Il existe aussi la possibilité d'organiser un débat interactif de questions-réponses entre les sénateurs et les membres du Gouvernement après le débat classique, suivant la déclaration de l'exécutif. Ce dispositif a été inauguré le 10 avril 2019, lors d'une séance consacrée à la déclaration portant sur le grand débat national.

Organisation facultative du vote

Le vote est optionnel : il s'agit « *de permettre au Parlement d'exprimer une opinion sans présenter les risques de dérive que contenait le vote de résolutions* »[2]. C'est donc

1. Voir l'analyse de GICQUEL Jean-Éric, *Règlement de l'Assemblée nationale commenté*, LGDJ, 2022, pp. 260-262.
2. WARSMANN Jean-Luc, *Rapport fait au nom de la commission des*

à la discrétion du Gouvernement de choisir ou non s'il y a un vote. Concernant la procédure, il y a une distinction entre les deux chambres. À l'Assemblée nationale, la Conférence des présidents peut autoriser des explications de vote (alinéa 5 de l'article 132 du RAN), accordant 5 minutes à un orateur de chaque groupe après la clôture du débat. En revanche, au Sénat, l'alinéa 6 de l'article 39 du RS prévoit qu'il n'y en a pas.

Le résultat d'un vote n'est jamais acquis. C'est pourquoi, dans la pratique, il est rare qu'il y ait un vote à l'issue d'une déclaration gouvernementale. Entre 2008 et 2020, sur 24 déclarations, huit ont donné lieu à un vote à l'Assemblée nationale et trois au Sénat. Même s'il n'y a ni obligation ni impact juridique direct, les conséquences politiques d'un rejet ne sont pas anodines : par exemple, le ***4 mai 2020, le Sénat avait pour la première fois désavoué le Gouvernement par un vote négatif alors que celui-ci avait présenté une déclaration suivie d'***un débat sur la stratégie nationale du plan de déconfinement dans le cadre de la lutte contre l'***épidémie de Covid-19***[1]. Même si le Gouvernement d'***Édouard Philippe n'***a pas dû démissionner, ce vote a marqué le désaccord de la Chambre Haute sur la stratégie gouvernementale face à la crise sanitaire et mis à mal la volonté de concorde et d'union nationale exprimée par le Gouvernement et le Président de la République à ce moment-là.

lois constitutionnelles, de la législation, et de l'administration générale de la République sur le projet de loi constitutionnelle de modernisation des institutions de la Vème République, n°892, 15 mai 2008, p. 398.

1. Voir l'article de SAVONITTO Florent, « Les déclarations gouvernementales de l'article 50-1 de la Constitution – De l'inédit en période de Covid-19 », *Petites Affiches - Actu-Juridique*, n°112, 4 juin 2020.

Bon à savoir

Un autre outil constitutionnel permet de contourner la volonté du Gouvernement de ne pas procéder à un vote : **la résolution de l'article 34-1 de la Constitution.** Pour rappel, les résolutions ont été introduites par la révision constitutionnelle du 23 juillet 2008 et permettent à l'Assemblée nationale d'émettre un avis sur une question précise. Cette résolution est soumise à des règles bien déterminées, dont un double contrôle : le Gouvernement a la faculté de la déclarer irrecevable avant son inscription à l'ordre du jour s'il estime que son adoption ou son rejet est de nature à engager sa responsabilité ou si elle contient des injonctions à son égard. En outre, lorsqu'elle a le même objet qu'une proposition antérieure examinée au cours de la même session ordinaire, elle ne peut être inscrite à l'ordre du jour. Ainsi, Jean-Éric Gicquel explique que des députés de la majorité, comme de l'opposition, ont utilisé à plusieurs reprises ce stratagème, « *invitant le Gouvernement* à interroger le Parlement par un débat suivi d'*un vote* (en l'espèce sur la politique de sortie du confinement). *Un tel dépôt peut suffire à contraindre de fait le Gouvernement à répondre à cette* « invitation » (voir en ce sens le vote finalement organisé, le 27 mai 2020, sur la déclaration relative au traçage numérique des personnes en lien avec l'épidémie de Covid-19)[1] ».

1. *Règlement de l'Assemblée nationale commenté*, *op.cit.*, p. 262.

LES MOTIONS DE CENSURE, L'ARME ULTIME CONTRE LE GOUVERNEMENT

L'article 20 de la Constitution dispose que le Gouvernement est responsable devant le Parlement. Cette responsabilité est le critère essentiel du régime parlementaire. Elle s'exerce dans le cadre de l'article 49 de la Constitution qui prévoit quatre procédures, dont trois permettant à l'Assemblée nationale de contraindre le Gouvernement à la démission. L'article 49 alinéa 4 prévoit que « *le Premier ministre a la faculté de demander au Sénat l'approbation d'une déclaration de politique générale* ». Mais la Chambre Haute n'a pas la possibilité de renverser le Gouvernement par un vote négatif.

L'article 49 est par essence l'ultime outil de contrôle politique détenu par les députés, ces derniers étant élus au suffrage universel direct. Avec la logique du fait majoritaire, il a plutôt été neutralisé, même pendant la troisième période de cohabitation, lorsque le Premier ministre, Lionel Jospin, était menacé[1]. En situation de

1. GICQUEL Jean, GICQUEL Jean-Éric, *Droit constitutionnel et institutions politiques*, 36e édition, LGDJ, 2022, p. 851.

majorité relative, ces dispositifs reprennent tout leur sens et toute leur puissance. En cas de vote défavorable, la sanction est sans appel : le Premier ministre doit remettre la démission du Gouvernement[1] au Président de la République.

Les différents alinéas de l'article 49

L'alinéa 1 concerne la « **question de confiance simple** » : le Premier ministre, après délibération en Conseil des ministres, engage, devant l'Assemblée nationale, la responsabilité du Gouvernement sur son programme ou éventuellement sur une déclaration de politique générale. Dans la pratique, un nouveau Premier ministre n'est pas tenu de demander l'aval du Parlement après sa nomination, étant directement nommé par le chef de l'État aux termes de l'article 8 de la Constitution. Il n'est pas obligé non plus, s'il choisit de faire une déclaration de politique générale, de la faire suivre d'un vote. À partir de 1973, l'engagement de la responsabilité était d'usage.[2] Mais la situation s'étant compliquée, notamment avec la majorité relative de la XVIème législature, le Gouvernement d'Élisabeth Borne n'a pas pris ce risque le 6 juillet 2022.

L'alinéa 2 permet ce qu'on appelle une « **motion de censure simple** » ou encore « **motion spontanée** ».

1. Selon l'article 50 de la Constitution, il s'agit d'une responsabilité collégiale.
2. À l'exception de Michel Rocard, Édith Cresson et Pierre Bérégovoy, trois Premier ministres socialistes qui se sont succédé entre 1988 et 1993. Ils n'ont pas engagé la confiance du Gouvernement devant l'Assemblée, car ils n'y disposaient que d'une majorité relative.

La motion n'est liée à aucun texte particulier, mais à la politique générale du Gouvernement. Elle peut être déposée par 58 députés à tout moment, afin de renverser le Gouvernement. Elle subit toutefois une limitation particulière : un député ne peut être signataire de plus de trois motions de censure spontanées au cours d'une même session ordinaire et de plus d'une au cours d'une session extraordinaire. La seule motion qui ait reçu un vote favorable sous la Vème République reste, pour l'instant, celle 5 octobre 1962. Cette motion spontanée dont les premiers signataires sont Paul Reynaud (indépendant), Guy Mollet (socialiste), René Simonnet (MRP) et Maurice Faure (radical), a été adoptée par 280 voix sur 480 députés. La plupart des députés souhaitaient en effet marquer leur désaccord envers le Président de la République, le général de Gaulle, et sa réforme introduisant l'élection du Président de la République au suffrage universel direct. Suite à la censure, le Gouvernement Pompidou a dû démissionner. Le général de Gaulle a répliqué en dissolvant l'Assemblée nationale, ce qui n'est pas une obligation constitutionnelle, mais une possibilité et surtout un choix politique fort.

L'article 49 alinéa 3 – et non 49-3 comme on l'entend de façon récurrente – concerne l'engagement de la responsabilité du Gouvernement devant la seule Assemblée nationale sur le vote d'un texte. L'exécutif peut le faire avant le début de l'examen du texte, pendant ou avant le vote sur l'ensemble du texte. En réponse, les députés peuvent alors déposer **une motion de censure** dite « provoquée ». Autrement dit, la motion a été provoquée par l'engagement de la responsabilité du

Gouvernement. Dans ce cas précis, les députés ne sont pas limités dans le nombre de motions qu'ils souhaitent déposer : ils peuvent en déposer une à chaque fois que le Gouvernement utilise cette procédure. Les députés disposent ainsi d'un outil constitutionnel de riposte. L'article 49 alinéa 3 a souvent eu mauvaise presse, car il est vu comme limitant le débat parlementaire et les pouvoirs de l'Assemblée nationale. En réalité, il a été conçu par les constituants en 1958 comme un outil du parlementarisme rationnalisé, en soutien au Gouvernement dans le cas d'une Assemblée nationale sans majorité absolue. Ils voulaient éviter l'instabilité de la IVème République et permettre l'adoption de textes fondamentaux pour réformer le pays. Depuis la réforme constitutionnelle du 24 juillet 2008, l'article 49 alinéa 3 est limité au vote du budget (PLF et PLFSS) et à un seul autre texte par session. Les projets de loi financiers rectificatifs bénéficient de cette exception, ce qui n'est pas le cas de la loi de programmation des finances publiques. Lors de la première année de la XVIème législature, le Gouvernement d'Élisabeth Borne n'a pas hésité à utiliser à onze reprises cet outil pour trois textes seulement, le PLF, le PLFSS et un PLFSS rectificatif, les textes financiers étant présentés en plusieurs parties. À chaque fois, une ou plusieurs motions avaient été déposées en réponse par l'opposition.

Procédure organisée par les articles 49 de la Constitution et 153 à 155 du RAN

Le dépôt d'une motion de censure est encadré : la motion doit être déposée dans les vingt-quatre heures après l'engagement de la responsabilité du

Gouvernement par au moins un dixième des députés, soit cinquante-huit députés. Une motion spontanée peut être déposée à tout moment. Aucun député ne peut signer plusieurs motions à la fois

Le document d'une motion est habituellement court. Il peut être motivé, souvent très brièvement, avec un angle politique, contestant la réforme mais aussi les choix plus globaux du Gouvernement. Il contient également le nom des cosignataires. Une fois déposée, aucune signature ne peut d'ailleurs être retirée ou ajoutée.

Depuis le début de la XVIème législature, les groupes d'opposition RN et NUPES ont déposé séparément des motions. Dans le cas de la réforme des retraites, le 17 mars 2023, le groupe centriste LIOT a également déposé une motion transpartisane soutenue par des députés NUPES. En revanche, aucun député RN et LR n'en était cosignataire. Le président du groupe LR, Olivier Marleix, avait d'ailleurs précisé que si certains LR cosignaient la motion, il serait souhaitable qu'ils siègent dans le groupe LIOT. Cette remarque n'est pas anodine : elle montrait que la position du groupe LR était de ne pas déposer de motion, soutenant ainsi la réforme, et qu'en outre il n'avait la volonté ni de renverser le Gouvernement, ni de s'associer avec d'autres groupes d'opposition. On peut tout de même remarquer qu'il y a une distinction à faire entre les signataires des motions et les votes des députés, car les dix-neuf députés LR qui ont voté la motion LIOT - sans la signer - sont restés membres du groupe LR.

La discussion de la motion constitue également un enjeu, en particulier la date du débat et du vote (par exemple, si la motion intervient un vendredi soir, cela peut être compliqué pour l'agenda des députés). Le vote ne peut avoir lieu que 48 heures après l'heure de dépôt de la motion et au plus tard le troisième jour de séance suivant l'expiration du délai constitutionnel. Il est donc impératif de faire attention aux jours non ouvrés. Lorsque différents groupes politiques déposent des motions et qu'ils ne souhaitent pas s'associer, la présidence de l'Assemblée nationale effectue un tirage au sort pour déterminer leur ordre de passage. Les motions peuvent également faire l'objet de discussion commune, mais elles seront toujours votées séparément. Les députés des différents groupes prennent la parole dans l'Hémicycle, le temps imparti étant attribué pour la moitié aux groupes d'opposition, réparti en fonction de leur importance numérique ; le Gouvernement prend la parole en dernier.

La comptabilisation des votants est un point central : seuls les députés favorables à la motion prennent part au vote ; l'abstention vaut soutien de fait au Gouvernement. 289 votes sont nécessaires pour censurer le Gouvernement. Le bulletin ne comprend qu'un vote : le POUR avec un code barre. Le vote a lieu dans une salle attenante à l'Hémicycle. Pour faciliter le processus et réduire la queue, deux tables répartissant les députés par ordre alphabétique (une de A à J et l'autre de K à Z) sont tenues par des agents ou des huissiers. Les enveloppes sont alors scannées et mises dans des urnes scellées qui ne sont ouvertes qu'en cas de contestation. Les délégations de vote peuvent être autorisées en Conférence des présidents, ce qui veut dire que des députés non présents peuvent également voter. Mais un député ne peut détenir qu'une seule délégation de vote : soit les groupes organisent la répartition des pouvoirs entre leurs députés, soit les députés s'organisent directement entre eux et transmettent leur nom et celui du porteur du pouvoir à la Séance, en amont du vote.

Conséquences de la motion de censure

Si la motion est rejetée, le texte est considéré comme adopté par l'Assemblée nationale. Le Premier ministre choisit le contenu du texte sur lequel il engage la responsabilité du Gouvernement, en y intégrant, le cas échéant, les amendements qu'il souhaite retenir. Il peut présenter au perchoir la version initiale du texte, telle que présentée en Conseil des ministres, ou bien choisir certains amendements adoptés lors de la discussion parlementaire, voire des amendements ou des modifications qui n'ont pas été discutés. Même des dispositions écartées pendant la discussion éventuelle du texte par les députés peuvent faire leur retour. Pierre Duquesne, journaliste chez *Contexte*, explique qu'en 1992, « *lorsqu'il engage l'article 49 alinéa 3 de la Constitution, le chef du Gouvernement dresse une liste de courses. Pierre Bérégovoy engage la responsabilité du Gouvernement* « pour l'*adoption, en première lecture, des articles et amendements, dont j'ai fait tenir la liste à la présidence* ».[1] Il cite des articles et des amende-

1. DUQUESNE Pierre, « L'article 49 alinéa 3, un argument massue qui ne règle pas tout », *in Contexte*, 28 septembre 2022.

ments du Gouvernement, dont certains qui ont été adoptés en seconde délibération. Édouard Philippe, lorsqu'il déclenche l'article 49 alinéa 3 sur le projet de loi réformant le système de retraite, le 29 février 2020, présente un texte « *profondément enrichi* »[1] par environ 300 amendements émanant de tous les groupes, sauf LFI. Élisabeth Borne a fait un choix similaire pour montrer une volonté de conciliation sur le PLF, retenant des amendements de tous bords, dont même quelques-uns provenant de LFI et du RN (peu nombreux, et surtout techniques).

Pour rappel, la navette continue et le texte repart au Sénat qui l'examinera à son tour. Il peut donc amender le texte et le voter ou non. Le Sénat peut même rejeter le texte par une question préalable au début de l'examen du texte, qui, si elle est votée, met un terme précoce à l'examen, comme en 2016 pour le PLF. De retour à l'Assemblée nationale, le Gouvernement peut à nouveau engager sa responsabilité, jusqu'à l'adoption finale du texte. Il est même arrivé, dans le cas de la réforme des retraites[2], que l'engagement de la responsabilité du Gouvernement ait été engagée après la CMP, afin d'éviter que l'Assemblée nationale ne se prononce sur le texte par le vote final. Une motion de censure a ensuite été déposée.

Si la motion est adoptée, le Gouvernement tombe. Il doit remettre sa démission au Président de la République. Sur une centaine de motions de censure

1. *Ibid.*
2. Mesure intégrée dans un projet de loi de financement rectificative de la sécurité sociale.

déposées, une seule a été adoptée. Sous la XVIème législature, les votes des seuls députés NUPES, RN, LIOT et des non-inscrits ne suffiraient pas, représentant 262 voix. Il en manque donc 27. Le groupe LR, composé de 62 députés, est devenu le « groupe pivot », les votes d'une partie de ses membres sont en effet nécessaires pour atteindre la majorité absolue.

Bon à savoir

La motion de censure risque d'être employée souvent sous la XVIème législature, voire de se banaliser étant donné la composition de l'Hémicycle. Rien qu'au cours de la première année, 17 ont été déposées.

La motion de censure est une arme de contrôle éminemment politique qui peut devenir dangereuse pour un Gouvernement doté d'une majorité relative. La motion de censure « transpartisane » déposée par LIOT a ainsi recueilli 278 voix. Or, il en fallait 287[1] pour que le Gouvernement d'Élisabeth Borne soit renversé. Il a manqué 9 voix : il s'agit d'un des votes les plus serrés de l'histoire de la Vème République sur une motion de censure, seules six ayant échoué d'aussi peu depuis 1958.[2]

1. Certains sièges de députés n'étaient pas pourvus, suite à l'invalidation par le Conseil constitutionnel de plusieurs élections intervenues le 19 juin 2022.
2. Par exemple, la motion de censure du 1er juin 1992 contre le Gouvernement Bérégovoy n'est pas passée à trois voix prés.

Mais quelle que soit la composition de l'Assemblée nationale, cet outil permet aux oppositions d'exprimer leurs désaccords. Le dépôt d'une motion devient une vraie stratégie politique. La NUPES a ainsi souhaité montrer dès le début de la XVIème législature la solidité de leur alliance, en déposant avec l'ensemble de ses groupes aussi bien des motions spontanées que provoquées. Le groupe RN avait décidé, lors de l'étude du PLFRSS (Projet de loi de financement rectificative de la Sécurité sociale) « retraites », de déposer une motion de censure spontanée, avant même l'utilisation de l'article 49 alinéa 3, pour affirmer son désaccord avec le texte. On a également vu, lors du vote de la motion de censure LIOT, des députés – dont certains LR – faire la publicité de leur choix en montrant leur bulletin sur les réseaux sociaux. L'objectif, même si la motion ne fut pas adoptée, était de marquer leur opposition face au Gouvernement et de ne pas être considérés comme des alliés de la majorité.

L'ENGAGEMENT DES FORCES ARMÉES, UNE LÉGITIMITÉ LIMITÉE

L'article 21 de la Constitution prévoit que le Premier ministre est responsable de la Défense nationale. Longtemps, le Parlement a été cantonné, selon l'article 35 alinéa 1 de la Constitution, à la seule autorisation de la déclaration de guerre, disposition dont il n'a jamais été fait usage depuis le début de la Ve République. Toutefois, le nombre et le coût des opérations extérieures (OPEX) ayant beaucoup augmenté, leur nature a également évolué, passant d'opérations de maintien de la paix à des actions impliquant parfois de véritables combats. L'usage de la force ne pouvait plus faire l'économie d'un contrôle parlementaire démocratique, afin de légitimer l'action de l'État français.

La révision constitutionnelle du 23 juillet 2008 a alors attribué au Parlement de **nouveaux pouvoirs d'information et de décision en matière d'interventions des forces armées françaises à l'étranger. Pourtant, l'impact des parlementaires en matière d'engagement des forces armées reste faible.** D'abord parce que le Gouvernement maîtrise le contenu de l'information délivrée aux parlementaires et fixe les modalités du débat. Ensuite, parce que jusqu'à présent, toutes les demandes de prolongation d'opérations militaires ont été acceptées avec une large majorité. Même si les députés de l'opposition ne partagent pas la stratégie de l'exécutif, il leur est souvent politiquement difficile de voter contre une opération qui vise à libérer des otages ou à lutter contre le terrorisme.

Information au début de l'intervention

Selon l'alinéa 2 de l'article 35 de la Constitution, « *le Gouvernement informe le Parlement de sa décision de faire intervenir les forces armées à l'*étranger, au plus tard trois jours après le début de l'*intervention. Il précise les objectifs poursuivis. Cette information peut donner lieu à un débat qui n'est suivi d'aucun vote* ». **Le Gouvernement a donc une obligation d'information de sa décision au plus tard trois jours après le début de l'intervention, qui est le fait générateur pour l'appréciation du délai**.

À l'Assemblée nationale, cette disposition a été sollicitée à plusieurs reprises, notamment pour les interventions armées en Libye (2011), au Mali (2013) ou en Syrie (2018). L'article 131 du RAN prévoit que l'information peut prendre la forme d'une déclaration suivie ou non d'un débat. Chaque groupe politique dispose d'un temps de parole de 30 minutes à l'issue de l'intervention du Premier ministre ; les députés non-inscrits bénéficient de 10 minutes pour s'exprimer. Les inscriptions sont faites par les présidents de groupe, qui indiquent au président de l'Assemblée l'ordre dans lequel ils souhaitent que les orateurs soient appelés ; ils doivent également préciser la durée de leur intervention, cette durée ne pouvant être inférieure à 5 minutes. Le président détermine, en fonction des éléments communiqués, l'ordre de passage des orateurs. Ces débats ne peuvent en aucun cas donner lieu à un vote et aucun amendement ne peut être déposé. L'objectif est de ne pas remettre en cause l'autorité de l'exécutif qui engage la responsabilité de la France avec une intervention militaire. Un vote négatif aurait un impact politique international considérable.

Au Sénat, l'article 73-1 du RS prévoit que l'information « *prend la forme d'une communication du Gouvernement portée à la connaissance des sénateurs. Cette information peut donner lieu à un débat sans vote* ». Les formes peuvent être variées : lettres aux présidents des assemblées, aux parlementaires, réunions des présidents de groupe, etc. L'information ne doit pas nuire au secret indispensable à la nature des opérations militaires.

Demande d'autorisation de prolongation

Selon l'alinéa 3 de l'article 35 de la Constitution : « *lorsque la durée de l'intervention excède quatre mois, le Gouvernement soumet sa prolongation à l'autorisation du Parlement. Il peut demander à l'Assemblée nationale de décider en dernier ressort* ». **Cette autorisation prend la forme d'un débat, organisé selon les mêmes modalités qu'un débat d'information sur une intervention des forces armées, suivi d'un vote** ; devant la gravité des questions abordées, les parlementaires sont fortement mobilisés. Ces débats sont l'occasion pour le Gouvernement de présenter sa stratégie militaire et pour la Représentation nationale de faire part publiquement de son opinion sur la question.

Au Sénat, l'article 73-1 alinéa 2 du RS prévoit que la demande d'autorisation de prolongation, au-delà des quatre mois, fait obligatoirement l'objet d'un débat à l'issue duquel la chambre se prononce par un scrutin public ordinaire sans explication de vote préalable des groupes politiques, les interventions des orateurs se suffisant à elles-mêmes.

L'alinéa 3 de l'article 131 du RAN a été utilisé à plusieurs reprises, notamment le 22 septembre 2008 pour la prolongation de l'intervention des forces armées en Afghanistan, l'opération Harmattan en Libye le 12 juillet 2011, pour l'opération Serval au Mali le 22 avril 2013, ou encore le 25 novembre 2015 pour la prolongation de l'engagement des forces aériennes au-dessus du territoire syrien.

Bon à savoir

Il convient également d'évoquer **la loi de programmation militaire,** dite « LPM ». Sur le fondement de l'article 34 de la Constitution, les lois de programmation déterminent l'action de l'**État et définissent les orientations pluriannuelles des finances publiques sur une période de quatre à sept ans. Dans le cadre de la LPM**, les ressources que le pays entend consacrer à sa défense au cours des années suivantes sont établies, afin d'assurer une visibilité à long terme sur les commandes et les équipements militaires. La LPM pour 2024 à 2030, adoptée le 13 juillet 2023, a associé

les armées et les directions des services du ministère des Armées, le pouvoir exécutif et les parlementaires, notamment sur les questions de financement de la défense et le budget militaire. La LPM comprend aussi un volet normatif avec plusieurs dispositions sur le renseignement, l'**économie de la défense ou encore la cybersécurité**.
Suite à cette LPM, certains moyens de contrôle ont été renforcés par les parlementaires, notamment la présentation annuelle d'un rapport de bilan de l'exécution de la programmation militaire au cours de l'année passée avant le 30 avril, et un rapport sur les enjeux et les principales évolutions de cette programmation, avant le 30 juin. La loi précise que l'actualisation de la LPM d'ici 2027 devra être précédée d'une revue nationale stratégique et faire l'objet d'une loi (et non d'un débat suivi d'un vote comme en 2021)[1].
À noter également que l'acquisition de l'armement est un domaine exclusif du pouvoir exécutif qui passe les commandes, permettant plus d'efficacité sur ce sujet délicat. En revanche, le ministère des Armées remet au Parlement un rapport annuel sur **les exportations d'armements de la France**. Dans un rapport du 18 novembre 2020, les députés Jacques Maire (LREM) et Michèle Tabarot (LR) préconisaient de créer un pouvoir de contrôle du Parlement sur l'action de l'exécutif dans ce domaine[2]. Depuis, la LPM prévoit la **création d'une commission parlementaire d'évaluation de la politique de vente d'armes à l'étranger**.

1. www.vie-publique.fr/loi/288878-loi-du-1er-aout-2023-programmation-militaire-2024-2030-lpm
2. Rapport d'information n°3581 déposé en application de l'article 145 du Règlement par la commission des affaires étrangères en conclusion des travaux d'une mission d'information constituée le 31 octobre 2018 sur le contrôle des exportations d'armement.

LE CONTRÔLE DES NOMINATIONS PRÉSIDENTIELLES, UN AVIS DE PLUS EN PLUS CONTRAIGNANT

Issue de la réforme constitutionnelle de 2008, l'instauration de cette procédure était une promesse de campagne du candidat Nicolas Sarkozy en 2007[1], reprise ensuite par le Comité Balladur, alors chargé d'établir des propositions dans la perspective de réformer la Constitution. Ainsi, l'article 13, alinéa 5 de la Constitution prévoit désormais que pour certains « *emplois ou fonctions* [...], *en raison de leur importance pour la garantie des droits et libertés ou la vie économique et sociale de la Nation, le pouvoir de nomination du Président de la République s'exerce après avis public de la commission permanente compétente de chaque assemblée. Le Président de la République ne peut procéder à*

1. Lors de son discours à Épinal, le 17 juillet 2007, Nicolas Sarkozy avait indiqué vouloir « que le pouvoir de nomination soit encadré pour les postes de haute responsabilité ». « *Non seulement parce qu'il est nécessaire de sortir de la République des connivences pour entrer dans celle des compétences, mais aussi parce que l'opposition ayant participé au contrôle des nominations, ayant eu son mot à dire sur la compétence des candidats et la pertinence de leur projet, on pourra peut-être espérer en finir avec cette valse des responsables à chaque alternance politique qui nuit tant à la continuité de l'action* ».

une nomination lorsque l'addition des votes négatifs dans chaque commission représente au moins trois cinquièmes des suffrages exprimés au sein des deux commissions ».

Emplois et fonctions concernés

Outre les nominations du Président de la République au Conseil constitutionnel[1], au Conseil supérieur de la magistrature[2] et aux fonctions de Défenseur des droits[3], 55 emplois environ entrent dans le champ de cette procédure, recensés dans le tableau annexé à la loi organique n° 2010-837 du 23 juillet 2010 relative à l'application du cinquième alinéa de l'article 13 de la Constitution. Y figurent notamment le président d'Aéroports de Paris, le président de l'Autorité de la concurrence, le Gouverneur de la Banque de France, le président de l'Autorité des marchés financiers, etc. Cette liste, régulièrement complétée par le législateur, couvre l'ensemble des domaines de l'action publique.

Au-delà des cas relevant de l'art. 13 de la Constitution, d'autres dispositions législatives, en particulier l'art. L. 1451-1 du Code de la santé publique, prévoient que les candidats à certaines fonctions soient entendus par les commissions permanentes compétentes des deux assemblées avant leur nomination. Toutefois, ces auditions ne donnent pas lieu à un vote. Une quinzaine de postes sont concernés par cette procédure, essentiellement dans le secteur de la santé publique.

1. Art. 56 de la Constitution de 1958.
2. Art. 65 de la Constitution de 1958.
3. Art. 71-1 de la Constitution de 1958.

Procédure

La loi du 23 juillet 2010 précise les conditions dans lesquelles les commissions permanentes compétentes rendent leur avis. Pour chaque poste à pourvoir, cette loi indique, dans une annexe, quelle est la commission permanente compétente. Celle-ci nomme un rapporteur, puis procède à **une audition publique, dans « *un délai raisonnable* »[1], au moins huit jours après que le nom de la personne dont la nomination est envisagée ait été rendu public**[2]. Ce délai est destiné à laisser aux parlementaires le temps nécessaire à la préparation de la réunion.

Cette audition est l'occasion pour les parlementaires de la commission saisie d'interroger le candidat sur la manière dont il conçoit son futur rôle et la façon dont il entend remplir ses nouvelles fonctions. Elle permet également au candidat de prendre conscience des attentes des parlementaires sur certains sujets. Les commissions peuvent, si elles le souhaitent, désigner un rapporteur qui doit appartenir à un groupe d'opposition ou à un groupe minoritaire. Par principe, l'audition est publique, « *sous réserve de la préservation du secret professionnel ou du secret de la défense nationale*[3] ». En pratique, si chaque commission permanente prépare comme elle le souhaite l'audition des personnalités proposées par le Président de la République, toutes les auditions présentent un schéma identique : le président de la

1. Décision du Conseil d'État du 13 décembre 2017.
2. Article 1er de la loi n° 2010-838 du 23 juillet 2010.
3. *Idem*.

commission et le rapporteur invitent le candidat à se présenter et à détailler son projet. À l'issue de cet exposé, les commissaires posent une série de questions, souvent très précises, sur le fond. Généralement, chaque groupe désigne un orateur. Puis le candidat répond à chacun.

La commission procède ensuite à un vote à bulletin secret au terme de l'audition. Aucune délégation n'est admise[1]. Lorsque la nomination de la personnalité requiert un vote dans les commissions de l'Assemblée nationale et du Sénat, le dépouillement se fait concomitamment[2]. L'article 13 de la Constitution précise que les parlementaires doivent réunir « *au moins trois cinquièmes des suffrages exprimés* » pour s'opposer à une nomination proposée par le président, soit cinquante-cinq voix. Si c'est le cas, la nomination est empêchée, l'addition des votes négatifs dans chaque commission représentant au moins trois cinquièmes des suffrages exprimés au sein des deux commissions. L'avis des commissions est ensuite publié au *JO*.

1. Article 1er de l'ordonnance n° 58-1066 du 7 novembre 1958 portant loi organique autorisant exceptionnellement les parlementaires à déléguer leur droit de vote.
2. Article 5 de l'ordonnance n° 58-1100 du 17 novembre 1958 relative au fonctionnement des assemblées parlementaires.

Bon à savoir

Ces auditions, et le vote qui en découle, sont souvent très politiques car le choix du Président de la République peut apparaître comme un moyen pour lui de placer des proches, comme ce fut le cas de Jean Castex, ancien Premier ministre et nommé président de la RATP (Régie autonome des transports parisiens). Les nouveaux équilibres politiques de la XVIème législature amplifient donc l'enjeu politique des nominations présidentielles, qui sont plus que jamais susceptibles d'être contestées par les parlementaires. L'arrivée d'Emmanuelle Wargon, ancienne ministre d'Emmanuel Macron, à la présidence de la Commission de régulation de l'énergie (CRE) avait reçu, début août 2022, l'opposition d'une majorité de parlementaires, sans pour autant atteindre la majorité qualifiée nécessaire pour faire barrage à cette nomination, avec au total 43 voix pour et 48 contre au sein des deux chambres. Marc Papinutti, ancien directeur de cabinet de la Première ministre Élisabeth Borne, proposé pour prendre la présidence de l'Autorité de régulation des transports (ART), avait préféré retirer sa candidature, sentant un vent défavorable.

Le 12 avril 2023, le Parlement choisissait de retoquer la candidature, proposée par le Président de la République, du maire de Charleville-Mézières, Boris Ravignon, à la tête de l'Agence de l'environnement et de la maîtrise de l'énergie (Ademe). Au Sénat, 24 sénateurs ont voté contre, 12 pour et 3 se sont abstenus. À l'Assemblée nationale, 33 députés ont voté contre, 20 pour et 4 abstentions. Au total, 32 parlementaires ont voté en sa faveur et 57 ont voté contre cette nomination, soit plus des trois cinquièmes requis selon la

Constitution. Ce fut donc la première fois que le Parlement s'opposa à une nomination proposée par le Président de la République[1], mais ce n'est probablement pas la dernière, au vu de la composition politique des deux assemblées.

1. Une nomination proposée par le président de l'Assemblée nationale, Claude Bartolone, avait déjà été retoquée le 14 janvier 2015. Fabrice Hourquebie avait alors rassemblé les trois cinquièmes des voix contre lui et n'a pas pu siéger au Conseil supérieur de la magistrature.

LE CONTRÔLE BUDGÉTAIRE, UN CONTRÔLE D'OPPORTUNITÉ DU BON USAGE DES DENIERS PUBLICS

Selon l'article 14 de la Déclaration des droits de l'homme et du citoyen : « *Tous les citoyens ont le droit de constater, par eux-mêmes ou par leurs représentants, la nécessité de la contribution publique, de la consentir librement, d'en suivre l'emploi, et d'en déterminer la quotité, l'assiette, le recouvrement et la durée* ». En découle une des missions essentielles du Parlement, renforcée par les dispositions de la LOLF[1] : adopter le budget et en contrôler la bonne exécution *a posteriori*.

Le contrôle budgétaire exercé par le Parlement porte sur la régularité et la sincérité des finances de l'État ainsi que sur le bon usage des deniers publics et l'adéquation des moyens aux objectifs. C'est un **contrôle essentiellement politique**, « *d'opportunité plus que de régularité comptable et se distingue en cela des contrôles*

1. Promulguée le 1er août 2001 et mise en œuvre pour le projet de loi de finances 2006, la Loi organique n°2001-692 relative aux lois de finances (LOLF) remplace l'ordonnance du 2 janvier 1959 et devient la nouvelle constitution financière de l'État, les lois de finances étant encadrées par ses règles.

exercés par les juridictions, les inspections et corps de contrôle »[1]. Exercé par la commission des finances[2], ce contrôle permanent est d'abord *ex ante*, lors de l'examen du budget, mais également *ex post* notamment lors de l'approbation des comptes et du Printemps de l'évaluation[3].

Calendrier budgétaire

Déposé sur le bureau de l'Assemblée nationale au plus tard le premier mardi d'octobre, le projet de loi de finances (PLF) est d'abord étudié à l'Assemblée nationale puis au Sénat, dans un délai maximal de 70 jours, les États membres de la zone euro devant adopter leur budget au plus tard le 31 décembre. Lors de la présentation du PLF, **le budget est dit « prévisionnel »**. Le budget adopté en fin d'année pour l'année suivante est appelé **« loi de finances initiale »** (LFI). Au cours de l'année, **le budget peut être « révisé »,** autrement dit il peut être modifié par une loi de finances rectificative (LFR) pour rendre compte des changements de perspectives pour l'année en cas d'événement imprévu ou pour modifier la politique budgétaire de l'État sans attendre l'année suivante. Lorsque l'année est écoulée, le **budget est « exécuté »**. Avant le 1er juin, la loi de règlement – ou projet de loi relative aux résultats de la gestion et portant approbation des comptes de l'année, depuis la loi organique du 28 décembre 2021 - permet d'apprécier la réalité de l'exécution des

1. www.senat.fr, Contrôle budgétaire.
2. Article 36 alinéa 16 du RAN : la commission surveille l'application de ce budget dans tous les ministères.
3. Voire le chapitre dédié au Printemps de l'évaluation.

lois et d'identifier ainsi les écarts entre ce qui a été autorisé et ce qui a vraiment été effectué. Elle décrit les opérations de trésorerie et ratifie les opérations réglementaires ayant affecté l'exécution du budget. Elle peut aussi comprendre des dispositions sur l'information et le contrôle des finances publiques, la comptabilité et la responsabilité des agents. Le projet de loi de règlement de l'année 2022 a été rejeté par l'Assemblée nationale, le 5 juin 2023, et par le Sénat le 3 juillet 2023.

Le budget est en effet un marqueur politique important : il est de coutume qu'un groupe d'opposition vote contre le PLF et le PLFSS. Les différents groupes s'affrontent pendant cette période, en aiguisant leurs arguments. Pour autant, le PLF n'indique que l'intention du Gouvernement sur le budget, alors que la loi de règlement, passant souvent sous les radars des députés et des médias, concerne l'exécution du budget. Bien au contraire, ce texte devrait constituer un enjeu politique majeur.

Les principales étapes de la procédure budgétaire [1]

	Gouvernement	Parlement	Cour des comptes	Pacte de stabilité
Janvier	Etablissement par la direction du budget d'une programmation à moyen terme sur 3 ans	Fin janvier : audition par la commission des finances du ministre sur l'exécution du budget N-1		
Février	Réunions techniques entre la direction du budget et les ministères		Rapport public annuel	
Mars	Définition des grandes lignes du budget			
Avril			Rapport sur l'exécution du budget	Transmission du programme de stabilité : plan budgétaire à moyen terme au Parlement puis à la Commission européenne
Juin	Négociations avec les ministères et arbitrages	Discussion de la loi de règlement de l'année N-1. Il est déposé au plus tard le 1er juin (le 1er mai à compter de 2023) et doit être discuté avant l'examen du PLF	Rapport sur la situation et les perspectives des finances publiques	Recommandation du Conseil sur le programme de stabilité
Juillet	Mi-juillet : envoi par le Premier ministre des lettres plafonds aux ministres	Avant le 10 juillet : envoi « des questionnaires budgétaires » par les rapporteurs spéciaux de la commission des finances ou pour avis aux différents ministères. Les réponses aux questionnaires doivent parvenir au plus tard le 10 octobre		
Septembre	Le Conseil des ministres adopte le			

1. À titre indicatif, pouvant varier.

	PLF qui est déposé sur le bureau de l'Assemblée nationale au plus tard le premier mardi d'octobre.			
Octobre		Examen du PLF par le Parlement		Le 15 octobre au plus tard, les États membres de la zone euro doivent publier leur projet de budget pour l'année suivante
Novembre		Suite de l'examen du PLF par le Parlement		La Commission formule un avis sur le projet de budget pour le 30 novembre au plus tard. En cas de manquements graves, elle demande à l'État concerné de lui présenter un plan révisé
Décembre		Suite et fin de l'examen du PLF par le Parlement		Le 31 décembre au plus tard, les États membres de la zone euro adoptent leur budget pour l'année suivante

En outre, l'article 34 de la Constitution consacre **les lois de programmation des finances publiques**, catégorie de lois appelée à définir « *les orientations pluriannuelles des finances publiques* » et devant s'inscrire dans « *l'objectif d'*équilibre des comptes des administrations publiques ». Examinée à l'automne, la loi de programmation permet de sécuriser la trajectoire des finances publiques sur la période, en assurant la maîtrise de la dépense de l'État définie pour trois ans : le cadrage budgétaire triennal constitue un engagement collégial du Gouvernement, se traduisant par une programmation ferme des dépenses. Dernier temps fort budgétaire de la session, le budget pluriannuel est présenté au moment du débat d'orientation des finances publiques (DOFP) avant l'été et intégré à la loi de programmation des finances publiques. Les députés reçoivent généralement trois rapports : l'un du Gouvernement, l'autre de la Cour des comptes et un troisième du rapporteur général de la commission des finances. Le budget prévisionnel est souvent examiné après le Printemps de l'évaluation et avant la discussion de la prochaine loi de finances[1].

Postes clés

L'article 57 de la LOLF consacre les pouvoirs de contrôle budgétaire de la commission des finances. Les articles 146 et 146-1-1 du RAN traitent également du contrôle budgétaire des députés, sans pour autant recenser l'intégralité des outils mis à leur disposition. Trois fonctions sont dotées de pouvoirs particuliers :

- **Le président de la commission des finances**, appartenant à l'opposition depuis la réforme constitutionnelle de 2008, a plusieurs missions dont celles de diriger les débats et de convoquer en audition les ministres, ainsi que toutes les personnes qu'il juge nécessaire d'entendre.
- **Le rapporteur général,** membre de la majorité de l'assemblée à laquelle il appartient, élabore le rapport général du PLF, coordonne les travaux des rapporteurs spéciaux, dépose des amendements au nom de la commission en séance

1. Le tableau des principales étapes de la procédure budgétaire est disponible sur le site du Sénat : www.senat.fr/connaitre-le-senat/role-et-fonctionnement/les-lois-de-finances.html

publique et joue un rôle de négociateur entre les parlementaires et le Gouvernement.

- **Les rapporteurs spéciaux,** quant à eux, sont désignés pour étudier de manière détaillée les budgets de différentes missions, budgets annexes et comptes spéciaux du Trésor. Ils rendent un rapport spécial sur ces différents sujets au nom de la commission des finances.

Différents outils

Selon les circonstances, la mission de contrôle peut être annoncée à l'avance ou effectuée à l'improviste. Un courrier, qui rappelle les pouvoirs de contrôle dévolus à la commission par la LOLF, précise l'objet des investigations décidées et remercie l'autorité de bien vouloir donner les instructions nécessaires à ses services pour faciliter le déroulement de la mission. Dans l'hypothèse d'un contrôle inopiné, la lettre de mission est remise sur place par le rapporteur. Une « **note de cadrage** », détaillant notamment le calendrier des travaux, peut être établie.

Des **questionnaires** sont adressés en amont de la procédure aux ministères et aux opérateurs en fonction des programmes. Les services répondent souvent pendant l'été, les administrateurs collectant les réponses au fil de l'eau jusqu'à la remise du rapport. En théorie, les organismes doivent répondre avant une certaine date mais il arrive que ce ne soit pas le cas. Si les rapports indiquent le taux de réponses obtenues, les questionnaires et les réponses ne sont pas accessibles sur le site de l'Assemblée nationale.

Des auditions sont organisées soit par le rapporteur, soit par la commission dans son ensemble. Ces auditions sont préparées par des questionnaires qui peuvent être transmis à l'avance. **Les engagements pris** par la personne auditionnée en termes de communication de documents ou d'informations doivent faire l'objet d'une **confirmation écrite** mentionnant un délai raisonnable pour la réponse. Les rapporteurs peuvent effectuer des déplacements.

Le président et les rapporteurs peuvent également procéder à **des investigations sur pièces et sur place**. Tous les renseignements et documents d'ordre financier et administratif qu'ils demandent doivent leur être fournis, à l'exception de ceux concernant des sujets à caractère secret comme la défense nationale ou la sécurité intérieure. L'article 59 de la LOLF prévoit que la communication des renseignements réclamés doit être effectuée dans un délai raisonnable, le président de la commission des finances pouvant demander à la juridiction compétente de statuer en référé et de faire cesser tout entrave sous astreinte. Selon l'article 60 de la LOLF, les observations notifiées au Gouvernement par une mission de contrôle et d'évaluation doivent donner lieu à une réponse écrite dans un délai de deux mois.

Enfin, **un rapport**, qui n'est pas soumis à une procédure contradictoire, est écrit avec l'aide d'un administrateur. Il comprend les principales observations du rapporteur spécial, ainsi que les données chiffrées et les analyses exhaustives sur le sujet dont il a été chargé. Le rapport donne l'opinion du rapporteur, pouvant critiquer l'utilisation faite de certains crédits, comme en témoigne le rapport sur la mission tourisme du PLF 2021 réalisé par la députée Émilie Bonnivard (LR), où l'on peut lire que : « *la rapporteure regrette profondément que les 5 millions de crédits supplémentaires votés par la loi n° 2020-935 du 30 juillet 2020 de finances rectificative pour 2020, au bénéfice d'Atout France en juin, pour renforcer la promotion pour l'été, l'automne et l'hiver 2020, aient à peine été consommés par l'opérateur. Ces crédits ont été votés par la Représentation nationale pour renforcer la promotion des territoires dans l'urgence, en pleine crise, et ce même dans un contexte sanitaire incertain. La rapporteure regrette que ces 5 millions servent finalement à couvrir les restructurations chez Atout France et à pallier une partie des pertes de recettes de visas 2021*[1]. » Ce rapport budgétaire comprend également l'examen en commission des crédits étudiés, soit de manière exhaustive, soit avec un renvoi au site de l'Assemblée nationale pour consulter l'intégralité du contenu de la discussion[2]. En outre, le rapport contient à la fin la liste des personnes auditionnées.

Appui sur les organismes extérieurs

Selon l'article 47-2 de la Constitution, **la Cour des comptes** doit assister le Parlement. L'article 58 de la LOLF prévoit l'obligation de répondre aux demandes

1. Assemblée nationale, Rapport, n°3399, Tome III, Annexe 2, 8 octobre 2020.
2. *Ibid.*, p. 47 : «*Au cours de sa deuxième réunion du 21 octobre 2020, la commission des finances a examiné les crédits de la mission Action extérieure de l'*État. Suivant les recommandations de la rapporteure spéciale, la commission a adopté les crédits de la mission Action extérieure de l'État, non modifiés. Le compte rendu de cette réunion est disponible sur le site de l'*Assemblée nationale*. »

du président, du rapporteur général et des rapporteurs spéciaux en lien avec leur mission. « *La Cour peut également réaliser une enquête demandée par la commission des finances sur la gestion des services et organismes contrôlés par la Cour des comptes*[1] ». L'assistance de la Cour au Parlement se traduit aussi par la transmission de nombreux documents, dont certains seulement sont publics. La Cour est en charge de plusieurs rapports dont l'un, rendu avant la fin du mois de juin, porte sur la situation et les perspectives des finances. Elle élabore également un rapport, conjoint au dépôt du projet de loi relative aux résultats de la gestion, sur l'exécution des lois de finances qui doit comporter une analyse par mission et par programme de l'exécution des crédits budgétaires ; et enfin un rapport conjoint au dépôt de tout projet de loi de finances sur les mouvements de crédits opérés par voie administrative et dont la ratification est demandée dans ledit PLF[2]. Par ailleurs, elle doit certifier la régularité, la sincérité et la fidélité des comptes de l'État.

La loi organique n° 2012-1403 du 17 décembre 2012 relative à la programmation et à la gouvernance des finances publiques a créé le **Haut Conseil des finances publiques** (HCFP), qui est un « *organisme indépendant,*

1. Le champ des entreprises publiques et des organismes soumis au contrôle de la Cour des comptes fait l'objet des articles L. 133-1 à L.133-5 du code des juridictions financières. On notera à ce sujet que l'article 164 de l'ordonnance n° 58-1374 du 30 décembre 1958 complété par l'article 28 de la loi de finances rectificative pour 2000 (n° 2000-656 du 13 juillet 2000) étend au périmètre du contrôle de la Cour des Comptes le champ du contrôle des rapporteurs spéciaux portant sur les organismes publics.
2. En pratique, il s'agit des décrets d'avances budgétaires.

[…] placé auprès de la Cour des comptes [et] présidé par le premier président de la Cour des comptes »[1]. Outre son président, il comprend quatre magistrats en activité à la Cour des comptes, le directeur général de l'Institut national de la statistique et des études économiques (INSEE) et cinq personnalités nommées, respectivement, par le président de l'Assemblée nationale, le président du Sénat, les présidents des commissions de l'Assemblée nationale et du Sénat chargées des finances et le président du Conseil économique, social et environnemental. Le HCFP contribue à l'information du Parlement en publiant des avis. Il est chargé de juger du réalisme des prévisions macroéconomiques sur lesquelles se fondent les textes financiers, ainsi que de la cohérence des textes budgétaires avec les engagements européens de la France.

Suites possibles

Pour s'assurer du traitement des difficultés, de la correction des erreurs pointées du doigt, ainsi que de la mise en œuvre des préconisations de la commission des finances, les travaux des rapporteurs spéciaux peuvent être exploités dans les rapports spéciaux de la loi de finances suivante. Ils peuvent également figurer dans les rapports d'information, ainsi que dans les communications à la commission. Depuis 2009, « *un rapport d'information établi par un rapporteur spécial peut donner lieu, en séance publique, à un débat sans*

1. La loi organique n° 2021-1836 du 28 décembre 2021 relative à la modernisation de la gestion des finances publiques a rassemblé ces dispositions dans un titre VI, nouveau, de la loi organique n° 2001-692 du 1er août 2001 relative aux lois de finances (LOLF).

vote ou à une séance des questions »[1]. Il est donc possible que soient organisés une **séance de questions orales avec débat ou des débats** *sui generis*, dans le cadre de l'ordre du jour réservé, pour faire le point sur les suites réservées à un contrôle.

Si besoin, un questionnaire de suivi est élaboré, une ou deux années après les conclusions d'une mission, avec fixation d'un délai de réponse. Les parlementaires d'opposition peuvent également décider d'utiliser leur niche afin de mettre à l'ordre du jour des propositions de loi qui vont dans le sens de ce qu'ils ont préconisé, ou déposer des amendements dans différents véhicules législatifs. Enfin, le Sénat établit **une communication annuelle** afin de récapituler les principales activités de contrôle au cours des douze derniers mois et de faire le point sur les suites données aux observations et préconisations essentielles formulées les années précédentes.

Bon à savoir

Le poste de président de la commission des finances est extrêmement stratégique. Pratiquée depuis 2007 à l'Assemblée nationale, et inscrite dans le RAN à partir de 2009 à l'article 39 alinéa 3, la règle veut que « *ne peut être élu à la présidence de la commission des finances, de l'économie générale et du contrôle budgétaire qu'un député appartenant à un groupe s'*étant déclaré d'*opposition* ». L'application de ce principe fut mise en œuvre au Sénat à

1. Article 146 al.3, RAN.

partir de 2011. Le président de la commission des finances maîtrise le calendrier : il organise les débats et les auditions, fixe l'ordre du jour de la commission. Il nomme les rapporteurs spéciaux. Prérogative plus connue, il dispose du droit de déclarer irrecevables ou non les amendements parlementaires susceptibles d'avoir un impact sur les finances publiques[1]. Enfin, il peut demander à Bercy les déclarations fiscales des entreprises ou des particuliers, pour enrichir des enquêtes budgétaires. Il accède donc à des documents couverts par le secret fiscal, avec quelques réserves : il n'a notamment pas le droit de violer ce secret fiscal en révélant les informations auxquelles il aurait eu accès, sous peine de sanctions.

Avec la multiplication des groupes d'opposition à l'Assemblée nationale, l'élection du président de la commission des finances devient une véritable bataille politique. Le 30 juin 2022, la NUPES avait fait le choix de désigner Éric Cocquerel (LFI) en candidat commun, pour affronter Jean-Philippe Tanguy (RN), Charles de Courson (LIOT) et Véronique Louwagie (LR). Depuis 2009, il est d'usage pour la majorité de laisser l'opposition s'organiser elle-même et de ne pas prendre part au vote. Les députés votent à bulletin secret mais le détail des voix obtenues est disponible dans le compte rendu de la première réunion de la commission[2]. Il aura fallu trois tours pour élire Éric Cocquerel.

1. Selon l'article 40 de la Constitution.
2. www.assemblee-nationale.fr/dyn/16/comptes-rendus/cion_fin/l16cion_fin2122001_compte-rendu

LA COMMISSION DES AFFAIRES EUROPÉENNES, UN CONTRÔLE SUR LA POLITIQUE EUROPÉENNE DU GOUVERNEMENT

La commission des affaires européennes (CAE) est chargée de contrôler l'action européenne du Gouvernement et de suivre les politiques européennes développées par les institutions de l'Union. Lorsqu'un projet de texte législatif national couvre un domaine d'activité de l'Union, la CAE peut décider de formuler, à l'occasion de son examen, des observations qui sont portées devant la commission permanente saisie au fond ou en séance publique. Certains députés jouent également le rôle de « référents européens » au sein des commissions permanentes. En effet, ses membres appartiennent en même temps à une commission permanente. À l'Assemblée nationale, elle ne compte que 48 membres (alors que les commissions permanentes en ont 73). Des groupes de travail communs à la CAE et aux commissions permanentes peuvent être créés pour mieux associer celles-ci à l'examen des textes européens en négociation.

Historique

Issue de la révision constitutionnelle de 2008, la création de la CAE a fait l'objet d'une vive opposition de la part du Sénat. L'article 32 du projet de loi constitutionnelle prévoyait d'étoffer les compétences du Parlement en matière européenne en lui permettant de se prononcer sur tout acte communautaire, quelle que soit sa nature. En outre, il autorisait le vote des résolutions en matière européenne, y compris hors session, afin que la Représentation nationale puisse réagir en temps utile aux projets de texte en discussion au Conseil[1].

Le projet de loi constitutionnelle de 2008 consacrait la création, dans chaque assemblée, d'un comité chargé des Affaires européennes, dont les compétences ne devaient pas empiéter sur celles des commissions permanentes. L'Assemblée nationale a adopté deux amendements identiques visant à ce que le « *comité chargé des Affaires européennes* » soit finalement dénommé « *commission chargée des Affaires européennes* ». Le rapporteur, Jean-Luc Warsmann, estimait qu'il s'agissait « *d'un signe positif, notamment vis-à-vis des parlements étrangers* »[2]. Au Sénat, les présidents des commissions permanentes étaient

1. Le vote des résolutions en matière européenne est une procédure qui a connu de nombreuses applications. Entre le 25 juin 1992 et le 1er décembre 2013, l'Assemblée nationale a adopté 243 résolutions européennes : 74 sous la Xème législature, 51 sous la XIème législature, 41 sous la XIIème législature, 60 sous la XIIIème législature et 17 depuis le début de la XIVème législature. Source : www.assemblee-nationale.fr, *L'Assemblée nationale et l'*élaboration des normes européennes, fiche de synthèse n°56.
2. WARSMANN Jean-Luc, Compte-rendu des débats, deuxième séance du jeudi 29 mai 2008.

réticents quant à la création d'une nouvelle commission, de peur qu'elle n'empiète sur leurs prérogatives. Jean-Luc Warsmann a assuré « qu'*il ne s'agira pas d'une commission permanente, qu'elle n'en a pas le statut et ne travaillera pas sur les textes législatifs comme le feront les commissions permanentes* »[1]. Si l'Assemblée nationale a tenu à créer une commission, c'est certes pour des raisons symboliques mais aussi politiques. Il s'agissait en effet d'une demande du groupe Nouveau Centre, dont les voix étaient indispensables à l'adoption du projet de loi constitutionnelle[2].

Contrôle de la politique européenne de l'exécutif

L'article 88-4 de la Constitution, introduit en 1992 lors de la révision constitutionnelle préalable à la ratification du traité de Maastricht, a consacré le rôle du Parlement français dans le contrôle des Affaires européennes, initiant un changement de paradigme important. Pour la première fois, le législateur s'est vu habilité à contrôler la politique européenne menée par le Gouvernement. Les attributions du Parlement ont progressivement été élargies. Si le Parlement ne pouvait se prononcer que sur les projets d'actes européens entrant dans le domaine français de la loi, la révision constitutionnelle du 25 janvier 1999, préalable à la ratification du traité d'Amsterdam, a donné la faculté au Gouvernement de soumettre d'autres

1. *Idem.*
2. Voir de PADIRAC Hortense, *Le contrôle et l'évaluation parlementaire : l'impact de la réforme constitutionnelle du 23 juillet 2008*, Thèse de Doctorat, Université Paris II Panthéon-Assas, 2017.

textes européens justifiant une prise de position parlementaire. Quant à la loi constitutionnelle du 23 juillet 2008, elle a permis aux assemblées de s'exprimer sur « *tout document émanant d'une institution de l'Union européenne* »[1]. En pratique, **le Parlement peut se saisir de tout sujet européen.** En parallèle, la Constitution dispose que le Gouvernement soumet obligatoirement au Parlement tous les projets d'actes européens. Cette mesure va dans le sens du traité de Lisbonne, qui impose aux institutions de l'Union de transmettre à chaque Parlement national l'ensemble de leurs propositions d'actes, de leurs documents de programmation et de leurs ordres du jour, afin d'assurer l'information des assemblées.

Ce contrôle désormais exhaustif des projets européens représente une charge de travail importante pour l'Assemblée nationale et le Sénat : les CAE sont saisies d'environ 1 000 projets d'actes européens par an. Afin de laisser au Parlement le temps de se prononcer, le Gouvernement s'engage à réserver sa position à Bruxelles pendant un délai minimum de huit semaines à compter de la transmission des projets d'actes législatifs et d'un mois pour les autres projets d'actes. Ce délai, appelé « réserve d'examen parlementaire », peut être réduit, d'un commun accord, par des procédures d'urgence pour certains types d'actes[2].

À l'Assemblée nationale, la révision du règlement de 2009 a confié à la CAE une nouvelle mission : celle de

1. Article 43 de la Constitution de 1958.
2. www.assemblee-nationale.fr, Les missions de la commission des affaires sociales.

formuler, lorsqu'elle l'estime utile, des observations sur certains projets ou propositions portant sur un domaine couvert par l'action européenne[1].

La CAE fonctionne d'une manière similaire aux commissions permanentes. Afin d'assurer sa mission d'information et de contrôle, elle procède à de nombreuses auditions de ministres, de commissaires européens, de personnalités françaises et européennes. Ainsi, la CAE de l'Assemblée nationale entend le ministre chargé des Affaires européennes à l'issue de chaque Conseil européen, de par sa mission de contrôle des positions françaises au sein de cette institution. Au Sénat, un débat en séance publique a lieu avant chaque réunion du Conseil européen, dont le ministre chargé des Affaires européennes rend compte *a posteriori* devant la commission des affaires européennes[2]. Les CAE du Sénat et de l'Assemblée nationale publient également de nombreux rapports d'information[3].

Contrôle des politiques européennes

La CAE est également chargée du contrôle et **du suivi des politiques européennes et des institutions de l'Union européenne**. Lorsqu'un texte européen présente une difficulté ou traite d'un sujet particulièrement

1. Elle a ainsi examiné le projet de traité sur la stabilité, la coordination et la gouvernance (2012), le projet de loi de réforme bancaire (2013), le projet de loi sur la biodiversité (2016), le projet de loi pour une République numérique (2015), le projet de loi relatif à la transition énergétique (2014), etc.
2. www.senat.fr, commission des affaires européennes.
3. 13 rapports à l'Assemblée nationale lors de la session 2022-2023.

important, la CAE peut adopter une proposition de résolution européenne par laquelle elle prend position et indique ainsi au Gouvernement l'orientation politique qu'elle souhaite voir défendue dans la négociation au Conseil sur les projets d'actes législatifs européens, en amont de leur adoption.

Ces résolutions peuvent être prises à l'initiative personnelle d'un parlementaire ou faire suite à un rapport d'information. Après examen, si la CAE a adopté la résolution, celle-ci sera envoyée à la commission permanente compétente, qui l'examinera à son tour. Enfin, la résolution, une fois adoptée, sera transmise au Gouvernement.

Les suites données aux résolutions européennes varient selon la nature du texte sur lequel elles portent, la valorisation qu'en fait le Gouvernement au Conseil et les positions des autres États membres dans les négociations au Conseil. Le Sénat considère notamment que, dans la très grande majorité des cas, ses résolutions européennes sont prises en compte, en tout ou partie[1].

Le Parlement français, à l'image de l'ensemble des parlements des pays membres, doit **s'assurer du respect du principe de subsidiarité,** principe qui exclut l'intervention de l'Union lorsqu'une question peut être réglée plus efficacement par les États membres[2]. Si un

1. www.senat.fr, Les résolutions européennes du Sénat
2. Plusieurs cas de figure peuvent se présenter :
- « carton jaune » : au moins un tiers des parlements nationaux de l'Union européenne émet un tel avis motivé ; la Commission est alors tenue de réexaminer sa proposition.

manquement est constaté, le Parlement, dans les huit semaines qui suivent la transmission d'un projet d'acte législatif européen, produit un avis motivé exposant les raisons pour lesquelles il estime que le projet n'est pas conforme au principe de subsidiarité. Les avis parlementaires ont une réelle portée juridique. Si un tiers des parlements émet un avis de non-conformité, la Commission européenne est tenue de réexaminer le projet et de justifier son éventuel maintien.

Dans ce cas, la procédure est la même que celle applicable aux résolutions européennes, avec des délais toutefois réduits à 15 jours à chaque étape, pour respecter l'exigence de célérité posée par le traité de Lisbonne : l'initiative de l'avis est donnée à chaque député, puis a lieu un examen préalable de la CAE, avant de subir un examen exprès ou tacite par la commission permanente concernée. Enfin, cette initiative peut faire l'objet d'un débat en séance publique[1].

Outre le contrôle du respect du principe de subsidiarité, la commission des affaires européennes peut

- « carton orange » : si le seuil de la moitié des parlements nationaux est atteint, le projet d'acte pourra être rejeté par le Conseil ou le Parlement européen.
En septembre 2012, la commission a ainsi dû retirer un texte proposant d'encadrer l'exercice du droit de grève devant l'opposition de plus de la moitié des parlements nationaux.
- « carton rouge » : le respect du principe de subsidiarité peut être contrôlé après l'adoption de l'acte législatif européen à travers un recours en annulation devant la Cour de justice de l'Union européenne. Ce recours est de droit à la demande de 60 députés ou 60 sénateurs.
1. www.assemblee-nationale.fr, Les missions de la commission des affaires européennes

adresser à la Commission européenne des « avis politiques » auxquels celle-ci répond.

Elle publie également des rapports d'information, procède à des communications sur des sujets d'actualité de la politique européenne et entend de nombreux ministres. Au Sénat, la commission des affaires européennes produit aussi des notes « d'Actualités européennes », qui présentent sous une forme synthétique les enjeux liés à divers thèmes d'actualité de l'Union européenne.

Bon à savoir

L'Assemblée nationale dispose à Bruxelles, depuis 2003, d'un bureau de représentation permanente auprès de l'Union européenne qui est à la disposition de tous les députés et organes de l'Assemblée. La présence de ce bureau permet d'obtenir des informations très utiles sur l'activité des institutions de l'Union, qui sont ensuite transmises à la CAE et aux autres organes de l'Assemblée. Ce bureau noue également des relations de travail directes avec les institutions de l'Union et les autres parlements nationaux. Il organise ainsi les visites de travail des députés français à Bruxelles et à Strasbourg. L'Assemblée nationale a édité un bilan de ces activités sous la XVème législature.

En outre, la CAE au Sénat dresse un bilan annuel de son contrôle sur l'action européenne du Gouvernement et sur les politiques européennes. En ce qui concerne l'année parlementaire 2021-2022, elle a été saisie de 949 projets de textes européens et en a sélectionné 261, sur lesquels elle a mené un examen plus approfondi jusqu'à proposer au Sénat l'adoption d'une position politique (résolution ou avis). Elle a ainsi adopté 17 résolutions européennes, 15 avis politiques et 4 avis motivés en 2021-22. L'objet du rapport est d'en mesurer l'impact : deux tiers de ces positions politiques du Sénat en matière européenne ont été suivis d'effets à Bruxelles.

Activités européennes depuis le début de la 15e législature

LES COMMISSIONS D'ENQUÊTE, UN DES INSTRUMENTS LES PLUS COERCITIFS DU PARLEMENT

En France, les premières commissions d'enquête étaient issues d'une simple pratique parlementaire, sans fondement juridique ou réglementaire[1]. Il faudra attendre la loi du 23 mars 1914, sans pour autant que soit défini un cadre précis. Leur principe sera constitutionnalisé par l'article 51-2 de la Constitution lors de la révision constitutionnelle du 23 juillet 2008. Les pouvoirs des commissions d'enquête ont été en revanche strictement encadrés par l'ordonnance du 17 novembre 1958 relative au fonctionnement des assemblées, ainsi que par les articles 137 à 144-2 du RAN et article 8 ter du RS. En pratique, **le pouvoir de mener des enquêtes est devenu un élément traditionnel du contrôle parlementaire.** Les travaux sont limités dans le temps et portent sur une question précise ; en outre, les commissions d'enquête disposent de pouvoirs d'investigation importants.

1. Ce fut le cas de la commission d'enquête sur le régime des sucres en 1828 et celle de 1932 sur le déficit Kesner.

Demande de création

À l'Assemblée nationale, la demande de création de commissions d'enquête passe par l'écriture d'une proposition de résolution (PPR). Cette PPR est composée d'un exposé des motifs qui explique les raisons de la demande, puis du dispositif. Il s'agit souvent d'un article unique, pouvant être ainsi formulé : « En application des articles 137 et suivants du Règlement de l'*Assemblée nationale il est créé une commission d'enquête de X membres* [30 maximum à l'Assemblée nationale], *chargés de* [suivi de tirets donnant les objectifs] ». À titre d'exemple, voici le texte de la PPR n°1099 du 17 avril 2023 tendant à la création d'une commission d'enquête sur la perte de notre souveraineté agricole française, déposée par Julien Dive, député LR, et plusieurs de ses collègues.

PROPOSITION DE RÉSOLUTION

Article unique

① L'Assemblée nationale,

② Vu l'article 136 du Règlement de l'Assemblée nationale,

③ En application des articles 137 et suivants du Règlement de l'Assemblée nationale, il est créé une commission d'enquête composée de trente membres. Cette commission d'enquête a pour mission de :

④ 1° Établir des mesures concrètes qui renforcent le respect du principe de réciprocité et d'égalité des conditions de concurrence sanitaire, environnementale et de production applicables aux importations des produits agricoles des pays tiers par rapport aux produits de l'Union européenne ;

⑤ 2° Proposer des mesures de soutien en faveur des jeunes agriculteurs dans les zones rurales en raison de l'absence de renouvellement des générations dans le secteur agricole ;

⑥ 3° Formuler des recommandations objectives pour définir un cap agricole, alimentaire solidaire et souverain à l'Union européenne et renforcer la durabilité de notre agriculture.

La PPR est déposée sur le bureau de l'Assemblée nationale par un député qui l'envoie à cosigner aux membres de son groupe. Si la PPR est signée par l'intégralité des membres du groupe, elle n'en aura que plus de poids politique.

L'article 6 de l'ordonnance du 17 novembre 1958 relative au fonctionnement des assemblées fixe des règles très restrictives en matière de constitution des commissions d'enquête. La PPR doit mentionner précisément « *soit les faits qui donnent lieu à enquête, soit les services ou entreprises publics dont la commission doit examiner la gestion* ».

Quant au champ d'investigation, il a été fortement restreint. Une PPR est irrecevable si elle traite de « *faits ayant donné lieu à des poursuites judiciaires et aussi longtemps que ces poursuites sont en cours* »[1]. Après le dépôt du texte, sa recevabilité est ensuite étudiée par le président de l'Assemblée nationale[2] et notifiée au Garde des Sceaux[3]. Si des poursuites judiciaires sont en cours, la PPR n'est pas discutée ; si la discussion a commencé, elle doit être interrompue. En pratique, le président de l'Assemblée nationale attend le retour de la Chancellerie avant de mettre la proposition de résolution en discussion.

1. Article. 6, ordonnance n° 58-1100 du 17 novembre 1958 relative au fonctionnement des assemblées parlementaires.
2. Article 138 du RAN.
3. Article 139 du RAN. Le président du Sénat procède de manière similaire, même si le règlement ne l'y contraint pas.

En outre, **une commission d'enquête ne doit pas porter sur le même sujet qu'une autre créée antérieurement avant l'expiration d'un délai de douze mois** à compter du terme de ses travaux. L'objet de la commission d'enquête envisagée ne doit pas non plus recouper celui étudié par une commission permanente qui s'est érigée en commission d'enquête[1]. En revanche, une mission d'information peut se doter des prérogatives d'une commission d'enquête, comme cela a été le cas, pour la mission d'information sur l'impact, la gestion et les conséquences dans toutes ses dimensions de l'épidémie de Covid-19, le 2 juin 2020. C'est également le cas au Sénat[2].

À ces contraintes réglementaires s'ajoutent des contraintes politiques. En effet, comme le soulignent les constitutionnalistes Pierre Avril, Jean Gicquel et Jean-Eric Gicquel, « *l'appréciation de la recevabilité est très largement fonction de celle de l'opportunité politique* »[3] ; le Parlement a cherché à contourner ces contraintes en ajustant le champ d'investigation de la commission d'enquête lorsqu'une information judiciaire était en cours. C'est ainsi qu'en 1999, l'Assemblée nationale a pu enquêter sur le fonctionnement des forces de sécurité en Corse alors qu'une enquête était en cours après l'affaire dite « des paillotes ». Plus récemment, alors que des procédures judiciaires sont encore en cours, la Conférence des présidents du Sénat a acté, le mercredi 14 juin 2023, l'ouverture d'une commission d'enquête

1. Article 139, RAN.
2. Article 22 ter, RS
3. AVRIL Pierre, GICQUEL Jean, GICQUEL Jean-Eric, *Droit parlementaire*, LGDJ, 2021, 6ème édition, p. 452.

parlementaire pour établir « *les failles* » qui ont conduit à l'assassinat de l'enseignant Samuel Paty en 2020. Le site Internet du Sénat précise : « *S'il n'appartient pas au Sénat de se substituer à l'institution judiciaire, il est en revanche légitime de chercher à comprendre les mécanismes ayant abouti à ce crime afin d'éviter toute récidive.* [...] *C'est ainsi pour faire toute la lumière sur ces enjeux et sur la situation à laquelle font face les enseignants que cette mission conjointe de contrôle a été créée. Elle examinera en particulier les mécanismes de protection aujourd'hui mis en œuvre pour prévenir le risque d'un crime analogue* »[1].

La PPR est ensuite renvoyée à la commission permanente compétente[2]. La commission s'assure également que les conditions de recevabilité sont respectées. Elle peut également « *exercer un contrôle d'opportunité seulement dans l'hypothèse où un groupe minoritaire ou d'opposition, après avoir déjà exercé son droit de tirage, souhaite lors de la même session obtenir la création d'une nouvelle commission d'enquête* »[3].

Constitution de la commission d'enquête

La pratique des commissions d'enquête est presque tombée en désuétude de 1958 à 1972. Durant cette période, seules trois avaient été mises en place : alors que la première s'est achevée en 1962, le Parlement a attendu neuf ans avant d'en créer une nouvelle.

1. www.senat.fr, Le contrôle en clair, Commission d'enquête sur le signalement et le traitement des pressions, menaces et agressions dont les enseignants sont victimes.
2. Article 140 du RAN.
3. *Règlement de l'Assemblée nationale commenté, op.cit.*, pp. 278-279.

Conscient du contrôle exercé par la majorité sur les propositions de résolution, Laurent Fabius, alors président de l'Assemblée nationale, a décidé d'expérimenter, le 15 septembre 1988 pour une durée d'un an, la possibilité pour chaque président de groupe d'obtenir l'inscription à l'ordre du jour de la PPR de son choix. Ce droit de tirage fut en réalité peu utilisé.

La résolution du 27 mai 2009 a alors permis que chaque président de groupe d'opposition ou minoritaire puisse demander, une fois par session ordinaire, qu'un débat sur la création d'une commission d'enquête ait lieu en séance publique[1]. Pour être rejetée, la demande devait faire l'objet d'un vote négatif des trois cinquièmes des membres de l'Assemblée, seuls les députés qui y sont défavorables prenant part au vote.

En novembre 2014, le RAN consacre le droit de tirage « quasi-automatique »[2], garantissant ainsi la création de droit de la commission d'enquête demandée par le groupe d'opposition ou minoritaire et renouvelable chaque année. Désormais, il suffit que le président d'un groupe en fasse la demande pour que la Conférence des présidents prenne acte de la création de la commission d'enquête, si toutefois les conditions requises sont réunies.

Les deux procédures coexistent toujours – vote en Hémicycle et droit de tirage – même si en réalité, ce dernier mécanisme est la plupart du temps préféré

1. Article 141 alinéa 1 du RAN.
2. Article 141 alinéa 2 du RAN.

par les groupes d'opposition, qui essaient de l'utiliser chaque année. Avec la multiplication de groupes à l'Assemblée nationale, une dizaine de commissions d'enquête est possible par session sur des sujets divers et variés.

À noter qu'il ne peut y avoir de commission d'enquête l'année précédant le renouvellement de l'Assemblée nationale. Par exemple, après le scandale du livre *Les fossoyeurs*[1] sur les EHPAD (Établissements d'hébergement pour personnes âgées dépendantes), en janvier 2022, certains groupes politiques de l'Assemblée nationale n'ont pas pu exercer leur droit de tirage sur ce sujet même s'ils le souhaitaient. La commission des affaires sociales a alors décidé de mettre en place une mission flash, dont la communication a été rendue publique le 2 mars 2022[2]. En revanche, la commission des affaires sociales du Sénat, qui n'était pas concernée par un renouvellement, s'est dotée des pouvoirs d'une commission d'enquête afin de se pencher sur certaines pratiques décrites par le livre[3].

Au Sénat, une commission d'enquête comprend vingt-trois membres au maximum ; à l'Assemblée nationale, le nombre de membres ne peut excéder

1. CASTANET Victor, *Les fossoyeurs : Révélations sur le système qui maltraite nos aînés*, Fayard, 2022.
2. www.assemblee-nationale.fr, Mission flash, L'EHPAD de demain : quels modèles ?
3. Le 13 juillet 2022, Bernard BONNE et Michelle MEUNIER, rapporteurs, ont présenté les conclusions du rapport de la mission d'information sur le contrôle des EHPAD, créée au sein de la commission des affaires sociales.

trente[1], la commission comprenant également un député n'appartenant à aucun groupe. En raison des pouvoirs importants dont disposent les commissions d'enquête et de l'aura médiatique dont elles bénéficient, il est prestigieux pour un parlementaire d'être membre d'une commission d'enquête. Les présidents des groupes reçoivent donc de nombreuses candidatures.

Le fonctionnement des commissions d'enquête est calqué sur celui des commissions permanentes. Elles doivent donc nommer un bureau. À l'Assemblée nationale, une réunion constitutive de la commission d'enquête est organisée. Le bureau est composé d'un président, de quatre vice-présidents et de quatre secrétaires. La représentation des groupes est proportionnelle, afin de pouvoir tous les associer. Les nominations ont lieu en s'efforçant de reproduire la configuration politique de l'Assemblée et d'assurer la représentation de toutes ses composantes.

Pouvoirs de la commission d'enquête

Outil de contrôle très coercitif, la commission d'enquête dispose en effet de prérogatives étendues, avec, depuis la loi du 20 juillet 1991, un **pouvoir de convocation** : toute personne que le président de la commission souhaite auditionner reçoit une

1. Article 8 ter du RS et Article 142 du RAN. L'alinéa 2 prévoit que : « Ne peuvent être désignés comme membres d'une commission d'enquête les députés ayant été l'objet d'une sanction pénale ou disciplinaire pour manquement à l'obligation du secret à l'occasion des travaux non publics d'une commission constituée au cours de la même législature. »

convocation, délivrée au besoin par un huissier ou un agent de la force publique. Lors de son audition, **la personne convoquée est tenue de prêter serment et de déposer**. Ces obligations sont assorties de sanctions pénales : toute personne qui refuse de se rendre à une convocation, de prêter serment, de déposer ou de communiquer les documents demandés est passible d'un emprisonnement de deux ans et d'une amende de 7 500 euros, voire d'une interdiction d'exercer ses droits civiques pour une durée de deux ans[1]. Dans certains cas, limitativement énumérés par l'ordonnance du 17 novembre 1958, les personnes auditionnées peuvent être déliées du secret professionnel[2]. En outre, **les sanctions prévues par le Code pénal en cas de faux témoignage ou de subornation de témoin** sont applicables aux enquêtes parlementaires. Au début de l'audition, à l'exception des mineurs de seize ans, une prestation de serment est faite en levant la main droite. L'auditionné est tenu de dire la vérité, sous peine de poursuite. En revanche, il peut avoir, comme Jérôme Cahuzac en octobre 2013, de nombreux trous de mémoire… Les commissions auditionnent toutes les personnes qu'elles

1. Article 6 de l'ordonnance 58-1100.
2. *Idem* : « *Toute personne qui participe ou a participé aux travaux de l'Autorité de contrôle prudentiel et de résolution, de l'Autorité des marchés financiers ou des autorités auxquelles elles ont succédé, toute personne qui participe ou a participé à l'accomplissement des missions du Haut Conseil de stabilité financière ainsi que toute personne mentionnée au premier alinéa du I de l'article L. 511-33 du code monétaire et financier est déliée du secret professionnel à l'*égard de la commission, lorsque celle-ci a décidé l'*application du secret conformément aux dispositions du premier alinéa du IV. Dans ce cas, le rapport publié à la fin des travaux de la commission, ni aucun autre document public, ne pourra faire état des informations recueillies par levée du secret professionnel.* »

jugent utiles à leur investigation, y compris des juges, des parlementaires ou des ministres en fonction[1]. La seule exception concerne le Président de la République, qui dispose d'une immunité en vertu de l'article 68 de la Constitution. En revanche, ses collaborateurs ne bénéficient pas de la même immunité.

Dans tous les cas, les **poursuites judiciaires** sont exercées à la requête du président de la commission ou, lorsque le rapport de celle-ci a été publié et que la commission n'a plus d'existence, à la requête du bureau de la chambre concernée. Il s'agit toutefois d'une prérogative rarement exercée. La première condamnation par la justice pour faux témoignage a eu lieu le 5 juillet 2017, à l'encontre du pneumologue Michel Aubier (qui avait caché ses liens avec Total), auditionné par la commission d'enquête du Sénat sur le coût de la pollution de l'air[2].

Les auditions des commissions d'enquête sont publiques ; cette publicité est généralement assurée par une retransmission en direct sur le site Internet des Assemblées et une retranscription en annexe du rapport. Certaines sont même diffusées en direct sur des chaînes d'information en continu lorsque la commission d'enquête est très médiatisée. La commission peut toutefois choisir de se placer sous le régime du secret[3]. Dans ce cas, le secret s'applique aux autres

1. Ce fut le cas pour Jean Castex, alors Premier ministre, devant la mission d'information dotée de pouvoir de commission d'enquête sur la gestion de la Covid-19, le 17 novembre 2020.
2. *Règlement de l'Assemblée nationale commenté, op.cit.*, p. 284.
3. Article 144-1 du RAN : « sauf lorsque la commission d'enquête

travaux de la commission : ainsi, sauf si le rapport publié à la fin de ses travaux en fait mention, les délibérations internes de la commission ne doivent pas être divulguées[1]. Les auditions ont parfois plus d'impact médiatique que le rapport lui-même, apportant des éléments nouveaux et mettant en lumière les contradictions. Un rapport peut en revanche avoir un contenu plus policé, ne retranscrivant pas exactement les échanges.

En complément des auditions, les membres de la commission procèdent à des déplacements en France et parfois à l'étranger. Chaque commission d'enquête bénéficie d'un secrétariat composé de fonctionnaires. Ces derniers sont chargés d'envoyer les convocations pour les auditions, de réserver les salles de réunion, d'organiser les déplacements et d'apporter une expertise juridique si besoin.

Rôle du rapporteur

Jouissant de prérogatives importantes, fixées par l'article 6 de l'ordonnance du 17 novembre 1958 (et non par le RAN), **le rapporteur de la commission d'enquête a un rôle central, puisqu'il dispose de pouvoirs conséquents pour mener à bien ses investigations**. À ce titre, **il exerce sa mission sur pièces**

a décidé conformément au premier alinéa du IV de l'article 6 de l'ordonnance n°58-1100 du 17 novembre 1958 relative au fonctionnement des assemblées parlementaires, l'application du secret ».

1. Voir DESANDRE Jacques, « Les commissions d'enquête ou de contrôle : secret ou publicité des travaux », *Pouvoirs*, n°34, 1985, p. 51-66.

et sur place et doit obtenir tous les renseignements de nature à faciliter son enquête. Il est également habilité à se faire communiquer tout document de service, à l'exception de ceux revêtant un caractère secret et concernant la défense nationale, les affaires étrangères, la sécurité intérieure ou extérieure de l'État, sous réserve du respect du principe de la séparation de l'autorité judiciaire et des autres pouvoirs. Le refus de communiquer certains documents est passible de deux ans d'emprisonnement et de 7 500 euros d'amende, mais ces sanctions n'ont jamais été sollicitées[1]. Le rapporteur peut également demander que des documents secret défense soient déclassifiés, mais le ministre compétent reste libre d'accepter ou non la demande.

En outre, depuis la loi du 13 décembre 2011 relative à la répartition des contentieux et à l'allègement de certaines procédures juridictionnelles, les communications de la Cour des comptes aux ministres et les réponses qui leur sont apportées peuvent être effectuées, à leur demande, à destination des commissions d'enquête. La Cour peut également procéder aux

1. Jean-Éric Gicquel explique que « *Quelques incidents isolés, concernant généralement des sénateurs, sont à relever : tels des refus émanant d'une administration centrale de communiquer des documents à un rapporteur souhaitant exercer sa mission sur pièces et sur place ou souhaitant seulement exercer son droit à communication. Il est parfois arrivé que la notion, assez indéterminée, de « documents de service » visés par l'ordonnance fasse l'objet d'interprétations divergentes entre le rapporteur et l'organisme concerné. En revanche l'invocation d'un secret professionnel ne peut justifier le refus de répondre favorablement à une demande de communication de documents présentée par le rapporteur* », *Règlement de l'Assemblée nationale commenté*, *op.cit.*, pp. 281-282.

enquêtes qui lui sont demandées par les commissions d'enquête du Parlement sur la gestion des services et des organismes soumis à son contrôle ou à celui des chambres régionales ou territoriales des comptes.

Publication du rapport

Les commissions d'enquête sont créées pour une durée maximale de six mois[1] ; de même, si les commissions permanentes ou spéciales peuvent se voir octroyer les pouvoirs spéciaux des commissions d'enquête, ce n'est que « *pour une mission déterminée et une durée n'excédant pas six mois* »[2]. Le rapport de la commission d'enquête présente le fruit de son analyse, sous la forme d'une argumentation structurée ; les conclusions et les propositions peuvent parfois occuper une grande place.

Une fois les travaux de la commission d'enquête terminés, **le rapport doit être adopté par les membres de la commission, avant d'être remis au président de l'Assemblée nationale** ; le dépôt du rapport figure au *JO*, ce qui lui confère une solennité particulière. À la suite d'une demande, faite dans un délai de cinq jours à compter du dépôt, le rapport est publié. Il peut éventuellement faire l'objet d'un débat sans vote en séance publique[3]. En 2011, pour la première fois, un rapport d'une commission d'enquête n'a pas été adopté : le

1. Article 6, Ordonnance n° 58-1100 du 17 novembre 1958 relative au fonctionnement des assemblées parlementaires.
2. Article 5 *ter*, *ibid.*
3. Ce fut le cas du rapport de la commission d'enquête sur les sectes en 1996.

rapport « Perruchot », issu de la commission d'enquête de l'Assemblée nationale sur les mécanismes de financement des organisations syndicales d'employeurs et de salariés. Lors du vote, les députés de l'UMP se sont abstenus, sur consigne du Gouvernement, qui estimait qu'à la veille de la campagne présidentielle de 2012 il serait malvenu d'irriter les syndicats[1] ; seulement trois députés ont voté pour, trois députés ont voté contre. Le rapport n'a donc jamais été publié et ne pourra plus l'être. Tous les travaux de cette commission d'enquête ont rejoint les archives secrètes de l'Assemblée nationale.

Il est également possible qu'aucun rapport ne soit produit, comme ce fut le cas lors de la commission d'enquête relative à l'affaire Benalla à l'Assemblée nationale. Le mercredi 1er août 2018, la commission des lois, constituée en commission d'enquête, avait officiellement renoncé à rendre un rapport officiel, après le départ du co-rapporteur LR Guillaume Larrivé. Seul le compte rendu des auditions a été publié.

Au Sénat, les sénateurs, les groupes politiques et le Gouvernement sont informés, par voie électronique, du dépôt du rapport d'une commission d'enquête ou d'une mission d'information ayant bénéficié de pouvoirs d'enquête. Si une demande de constitution en comité secret n'a pas été formulée dans un délai de vingt-quatre heures suivant cette mesure de publicité, le rapport est publié. Ce délai est prolongé dans

1. LAFFON Pierre, « Rapport sur les syndicats : l'incroyable scénario de la commission d'enquête parlementaire », www.larevueparlementaire.fr

la limite de quatre jours à la demande du président du Sénat, du président ou du rapporteur de la commission d'enquête ou de la mission d'information ou encore d'un président de groupe. Là encore, les sénateurs et les groupes politiques en sont informés par voie électronique. Dans tous les cas, les membres de la Conférence des présidents ou le représentant du Gouvernement peuvent consulter le rapport dans le bureau du secrétaire général de la Présidence.

La divulgation ou la publication, dans le délai de 25 ans, d'une information couverte par le secret est punie d'un an d'emprisonnement et de 15 000 euros d'amende. Par ailleurs, le membre d'une commission d'enquête qui n'aurait pas respecté la règle du secret pourra être exclu de la commission, par décision du Sénat prise sans débat sur le rapport de la commission après avoir entendu l'intéressé.

Impact de la commission d'enquête

Sur le plan judiciaire d'abord, si, au cours de leur enquête, les parlementaires découvrent des faits délictueux, ils peuvent transmettre leurs informations au ministère de la Justice, à sa demande, ou saisir directement le parquet[1].

Au niveau parlementaire, les députés et les sénateurs mobilisent les outils classiques à disposition : les commissions permanentes peuvent reprendre une

1. En application de l'article 40 du code de procédure pénale. En 1996, la commission d'enquête sur l'influence des mouvements sectaires sur les mineurs a saisi le parquet.

question examinée par une commission d'enquête et compléter ses investigations. Quant aux membres des commissions d'enquête, ils n'hésitent pas à utiliser les conclusions du rapport dans une question orale ou écrite ; si une mention du rapport s'y prête, ils peuvent l'intégrer dans une proposition de loi. Pour l'opposition, l'utilisation des questions orales ou de la proposition de loi lui permet de donner corps à ses opinions sur la commission d'enquête.

Sur le plan médiatique, communiquer sur le rapport devient alors un enjeu majeur. À sa sortie, chaque rapport est présenté à la presse par les membres de la commission d'enquête. L'impact médiatique important dont bénéficient ces rapports exerce une pression politique sur le Gouvernement ; les journalistes vont alors demander à l'exécutif de se positionner sur les conclusions et les propositions de la commission d'enquête. La médiatisation du rapport permet également sa diffusion dans la société civile ; elle contribue ainsi à démocratiser le contrôle parlementaire et à le rendre tangible pour les citoyens. Certains rapports font même l'objet d'une publication par un éditeur[1] ; ils sortent alors de la sphère parlementaire pour toucher un public beaucoup plus large. Mais parfois l'outil parlementaire se retourne contre le groupe qui l'avait sollicité. Ainsi, en octobre 2022, le RN avait souhaité se disculper des accusations de collusion

1. Ce fut le cas du rapport de la commission d'enquête sur le système transfusionnel français en vue de son éventuelle réforme en 1992 ou encore de celui de la Commission d'enquête sur les tribunaux de commerce en 1998.

avec la Russie[1]. Cette tentative de « dédiabolisation » par les instances parlementaires s'est révélée être un échec ; la rapporteure de la commission, Constance Le Grip (Renaissance), n'a pas manqué de souligner que : « *Le Rassemblement national présente une singularité par sa proximité idéologique avec le régime russe et par des liens financiers* »[2], pointant du doigt l'opposé de ce que voulait démontrer le RN.

Au niveau politique, les commissions d'enquête cherchent à peser sur l'orientation de la politique gouvernementale. Une commission d'enquête permet de réaliser un véritable audit « *en ce qu'elle se fait juge [...] de l'opportunité d'une politique gouvernementale, d'une activité étatique, du comportement des hommes politiques. Le Parlement vient ainsi se poser en défenseur du citoyen et de la Société civile* »[3]. À ce titre, elle dénonce les dysfonctionnements d'un service de l'État ou d'une politique gouvernementale. Même si les commissions d'enquête ne peuvent pas faire directement pression sur le Gouvernement, elles ont un réel pouvoir d'influence, comme l'a montré la commission d'enquête « *chargée de rechercher les causes des dysfonctionnements*

1. Commission d'enquête relative aux ingérences politiques, économiques et financières de puissances étrangères - États, organisations, entreprises, groupes d'intérêts, personnes privées - visant à influencer ou corrompre des relais d'opinion, des dirigeants ou des partis politiques français, demandée par le RN grâce à son droit de tirage et créée le 6 décembre 2022.
2. www.francetvinfo.fr, Commission d'enquête sur les ingérences étrangères : ce que reproche le rapport parlementaire au Rassemblement national.
3. VALLET Elisabeth, « Les commissions d'enquête parlementaires sous la Cinquième République », *Revue française de droit constitutionnel*, n°54, février 2003, p. 63.

de la justice dans l'affaire dite d'Outreau et de formuler des propositions pour éviter leur renouvellement »[1]. Plus récemment, nous pouvons évoquer la commission d'enquête du Sénat sur le Fonds Marianne. Pour mémoire, le Fonds Marianne, créé le 20 avril 2021 par Marlène Schiappa, alors ministre déléguée chargée de la Citoyenneté auprès du ministre de l'Intérieur, était destiné à financer des actions en ligne pour défendre les valeurs de la République et répondre au séparatisme. Le rapport de Jean-François Husson, rendu public le 4 juillet 2023, mettait en avant de graves dysfonctionnements dans la mise en œuvre et le suivi du fonds, « *pensé comme une opération de communication* » ; « *le politique a outrepassé son rôle au cours d'une procédure de*

1. DEBRE Jean-Louis, HOUILLON Philippe, *Proposition de résolution tendant à la création d'une commission d'enquête chargée de rechercher les causes des dysfonctionnements de la justice dans l'affaire dite d'Outreau et de formuler des propositions pour éviter leur renouvellement*, AN, n°2722, 5 décembre 2005. Au total, les députés ont entendu le nombre record de deux cent vingt-et-une personnes pendant plus de 200 heures, entre le 10 janvier et le 12 avril 2006 : personnel judiciaire impliqué dans les faits, journalistes, hommes politiques et organisations professionnelles ont été entendus soit individuellement, soit sous la forme de tables rondes thématiques. L'audition télévisée des acquittés le 18 janvier 2006 a provoqué un fort courant d'identification et un véritable événement médiatique ; au point que l'audition du juge Burgaud, couverte par *TF1* et *France2*, a été suivie par cinq millions de téléspectateurs. Après six mois de travail, le rapport, contenant quatre-vingts propositions de réforme, a été adopté à l'unanimité ; ce vote a pu être obtenu grâce à la proposition du rapporteur de permettre aux membres de la commission d'enquête d'annexer au rapport des contributions personnelles. Voir VALLINI André, HOUILLON Philippe, *Rapport fait au nom de la commission d'enquête chargée de rechercher les causes des dysfonctionnements de la justice dans l'affaire dite d'Outreau et de formuler des propositions pour éviter leur renouvellement*, AN, n°3125, 6 juin 2006, p. 3.

sélection opaque » de la ministre et de son cabinet. En outre, « *le suivi de la réalisation des projets a également été défaillant* »[1]. Certains journalistes ont d'ailleurs mentionné le lien entre le fait que Marlène Schiappa ne fasse plus partie du nouveau Gouvernement issu du remaniement du 20 juillet 2023 et son implication dans le scandale du Fonds Marianne[2].

Bon à savoir

La distribution des postes au sein d'une commission d'enquête est éminemment politique. Deux postes sont en effet clé : celui de président et celui de rapporteur. L'article 143 alinéa 2 du RAN prévoit que « *la fonction de président ou de rapporteur revient de droit à un député appartenant à un groupe d'opposition* », afin de garantir un équilibre politique et une impartialité au sein de la commission d'enquête. Mais en pratique, la fonction stratégique de rapporteur revient la plupart du temps à la majorité, puisque ce dernier tient la plume du rapport et peut également procéder aux enquêtes sur place et sur pièces. Le président peut, quant à lui, se désolidariser du rapport dans son avant-propos. Il dispose également d'un vrai pouvoir dans la sélection des personnalités auditionnées. Ainsi, les groupes politiques de la majorité choisissent stratégiquement une des deux fonctions : ils préfèrent parfois prendre la présidence plutôt que le poste de rapporteur.

1. Synthèse du rapport qui se trouve sur le site du Sénat, www.senat.fr, r22-829-1-syn.pdf
2. www.letelegramme.fr, « Après le fiasco du Fonds Marianne, Marlène Schiappa quitte le Gouvernement ».

Ainsi, cela peut entraver le travail d'investigation de la commission d'enquête. Par exemple, dans la commission d'enquête sur l'affaire Benalla, présidée par Yaël Braun-Pivet (LRM), la majorité et l'opposition étaient en désaccord sur la liste des personnes à auditionner : les oppositions considéraient que la majorité faisait de l'« *obstruction* »[1], alors que cette dernière jugeait « *inutile de poursuivre des auditions sur des dérives individuelles* ». De même, dans la commission concernant les « Uber files », initiée par le droit de tirage du groupe LFI[2], la présidence est revenue au député Renaissance Benjamin Haddad, tandis que la rapporteure, Danielle Simonnet, était LFI. L'introduction du rapport précise ainsi que « *la rapporteure regrette cependant que la commission d'enquête n'ait pu auditionner aucun des anciens membres du cabinet du ministre de l'*Économie de l'époque, M. Emmanuel Macron, puisque le bureau de la commission d'*enquête s'y est systématiquement opposé. Ces auditions auraient pu apporter des éclairages supplémentaires de la part d'acteurs qui étaient directement impliqués et dont les noms ont plusieurs fois été cités lors des auditions comme dans les documents transmis par le lanceur d'alerte d'Uber* »[3]. En revanche, il est parfois judicieux d'être rapporteur : dans le cas de « l'affaire Cahuzac », suite aux révélations de Mediapart

1. *Le Monde*, 1er août 2018.
2. Commission d'enquête relative aux révélations des Uber Files : l'ubérisation, son lobbying et ses conséquences, créée par la Conférence des présidents du 24 janvier 2023 au titre du droit de tirage attribué au groupe La France Insoumise.
3. HADDAD Benjamin, SIMONNET Danielle, *Rapport fait au nom de la commission d'enquête relative aux révélations des Uber Files : l'ubérisation, son lobbying et ses conséquences*, n°1520, 11 juillet 2023.

le 4 décembre 2012 sur l'existence d'un compte bancaire caché à l'étranger appartenant au ministre du Budget de l'époque, Jérôme Cahuzac, le rapporteur de la commission d'enquête, Alain Claeys, appartenant à la majorité, a considéré que la gestion par l'État de l'affaire n'a pas été émaillée de dysfonctionnement. Le président, Charles de Courson (UDI) s'est alors désolidarisé d'une partie des conclusions du rapport, dans son avant-propos et la contribution de son groupe[1].

1. DE COURSON Charles, CLAYES Alain, Rapport de la commission d'enquête relative aux éventuels dysfonctionnements dans l'action du Gouvernement et des services de l'État, notamment ceux des ministres de l'économie et des finances, de l'intérieur et de la justice, entre le 4 décembre 2012 et le 2 avril 2013, dans la gestion d'une affaire qui a conduit à la démission d'un membre du Gouvernement, n°1408, 8 octobre 2013.

LES OUTILS D'INFORMATION

LES AUDITIONS, L'OUTIL D'INFORMATION PAR EXCELLENCE

En France, les activités de contrôle des commissions permanentes ont été strictement encadrées. Elles ne sont pourtant pas mentionnées dans l'article 43 de la Constitution de 1958, consacré au rôle de ces commissions. Ce sont les règlements des assemblées[1] qui précisent que les commissions permanentes assurent l'information des parlementaires afin de leur donner les moyens de contrôler l'action du Gouvernement.

À partir des années 90, les commissions permanentes ont tout de même réinvesti le champ du contrôle, négligé depuis 1958. Elles ont ainsi pleinement exercé leur droit à l'information. D'abord grâce aux moyens humains dont elles disposent : chaque commission permanente bénéficie de sa propre équipe de fonctionnaires, dirigée par un chef de secrétariat. Il est aujourd'hui possible de retrouver sur le site de l'Assemblée nationale et du Sénat le nom des administrateurs, ainsi que leur titre, leur numéro de téléphone et leur adresse mail, en fonction des commissions et des suivis des travaux, par matière.

1. Art. 22 RAN et art. 145 RS.

Les commissions permanentes constituent l'un des rouages essentiels du travail parlementaire. Les députés et les sénateurs doivent obligatoirement siéger dans une commission permanente. Chacune désigne, pour la diriger, un bureau qui reproduit la configuration politique de l'Assemblée. Dans le cadre du travail législatif et de contrôle, ces commissions organisent des auditions, afin de contribuer à la bonne information des parlementaires.

Personnalités auditionnées

Parce que sans une information de qualité, riche et continue, les parlementaires ne peuvent pas contrôler efficacement l'action du Gouvernement, **les auditions constituent désormais une méthode de travail incontournable des commissions, aussi bien à l'Assemblée nationale qu'au Sénat** : ces dernières auditionnent chaque semaine des membres du Gouvernement, des experts, des représentants d'organisation ou de la société civile.

Ces auditions interviennent dans le cadre de la préparation d'un texte de loi, mais peuvent également concerner des sujets d'actualité[1]. Les membres du Gouvernement s'expliquent ainsi lors d'un échange sous forme de questions-réponses. Une dizaine d'organismes extérieurs peuvent être saisis par les présidents des assemblées parlementaires ou par les commissions

1. La commission de la défense et celle des affaires étrangères organisent très régulièrement des auditions purement informatives, leur activité législative étant moins importante que dans les autres commissions permanentes.

permanentes en vue d'obtenir des précisions sur les sujets précis, comme le Conseil national de la concurrence, le Haut Conseil de la santé publique ou le Conseil supérieur de la sûreté et de l'information nucléaires.

De fait, ce sont souvent les mêmes organismes ou les mêmes personnalités qui sont régulièrement auditionnés. Mais d'autres peuvent également être amenés à intervenir. Ces auditions ont en général pour objet des enjeux stratégiques : par exemple, le mercredi 9 novembre 2022, la commission des affaires étrangères a auditionné Patrick Pouyanné, président-directeur général de Total Énergies.

Devant le nombre croissant d'auditions programmées, **la loi du 14 juin 1996 a fini par reconnaître aux commissions permanentes le droit de convoquer toute personne de leur choix**[1]. Le fait de ne pas répondre à une convocation est donc puni de 7 500 euros d'amende. Quelques exceptions existent toutefois : concernant des sujets à caractère secret et relatif à la défense nationale, les affaires étrangères et la sécurité intérieure ou extérieure de l'État, ou encore le respect du principe de la séparation de l'autorité judiciaire et des autres pouvoirs.

Calendrier

Le calendrier prévisionnel des auditions est disponible sur le site Internet de l'Assemblée nationale.

1. Art. 1, loi n° 96-517 du 14 juin 1996 tendant à élargir les pouvoirs d'information du Parlement et à créer un Office parlementaire d'évaluation des politiques publiques.

Les députés ou les présidents de commission peuvent proposer des intervenants. Il arrive également que certaines personnes demandent à être auditionnées, lorsque leur champ de compétences est en rapport avec un projet ou une proposition de loi étudiée par la commission, pour informer le Parlement sur leur activité ou sur un sujet en particulier. Toutefois, les demandes d'auditions ne sont pas systématiquement satisfaites.

Le calendrier des travaux ainsi que l'ordre du jour des commissions sont déterminés par le chef du secrétariat de la commission, sous l'autorité du président de la commission. L'analyse de la répartition du travail au sein des commissions montre que l'information et le contrôle occupent près de la moitié de ce temps de travail, ce qui permet aux parlementaires de suivre l'action gouvernementale dans la durée.

Le nombre d'auditions varie d'une commission à l'autre comme en témoigne le bilan de la XVème législature, toutes commissions et tous types de travaux confondus : 7 000 heures d'auditions, 3 719 réunions, 619 auditions de membres du Gouvernement et 2 475 personnalités extérieures[1]. Le bilan détaillé (par commission et par session) est également disponible sur le site Internet de l'Assemblée nationale.

1. www.assemblee-nationale.fr, Bilan statistique de la XVème législature (21 juin 2017-21 juin 2022).

Pratique

Les auditions menées par les commissions permanentes se déroulent dans la salle dédiée à la commission. Elles débutent souvent par une présentation préalable de la personne auditionnée et des sujets qui seront abordés. Le président peut également poser des questions, en préambule, à la personne auditionnée. S'ensuit un propos liminaire, tenu par un ou plusieurs parlementaires[1]. Puis, interviennent les représentants de chaque groupe politique ainsi que les députés présents qui le souhaitent. Fréquemment, la personne auditionnée répond à la fin de l'ensemble des interventions ; mais elle peut également répondre à la fin de chaque intervention.

Les députés et sénateurs doivent être physiquement présents pour poser une question[2]. Chaque parlementaire a sa méthode de travail : certains demandent à leur collaborateur de leur préparer une intervention de deux minutes, avec éventuellement une ou plusieurs questions, accompagnée d'une biographie et d'une note sur le sujet. D'autres préférèrent intervenir à chaud, sans dossier.

1. Ce fut le cas du président du CNRS (Centre national de la recherche scientifique), Antoine Petit, en commission des affaires culturelles, le 28 juin 2023.
2. Une exception fut faite pendant la crise de la Covid-19, où des auditions ont eu lieu en visioconférence.

Bon à savoir

Les commissions de l'Assemblée nationale n'hésitent pas à mettre en avant cette activité d'information puisque la plupart des auditions sont publiques, voire parfois ouvertes à la presse. Ces auditions sont également retransmises sur le site Internet de l'Assemblée nationale, sauf exception. Certaines peuvent ne pas être diffusées pour préserver le secret défense, par exemple les informations rendues publiques se limitant au strict nécessaire. Ce fut notamment le cas, le 13 juillet 2022, lors de l'audition du général d'armée Thiery Burkhard, chef d'État-major des armées. Aucune vidéo de l'audition n'a été mise en ligne, seulement un compte rendu écrit.-
Il peut toujours être pertinent pour un organisme, une association, une fédération, de demander une audition, même si celle-ci n'est pas obtenue. Dans tous les cas, la structure peut envoyer par mail au parlementaire des éléments pour attirer son attention sur certains points du secteur sur lequel une audition va avoir lieu, afin de lui permettre d'avoir des éléments précis sur un sujet. Le parlementaire reste bien évidemment libre de s'appuyer ou non sur les données transmises.

LES MISSIONS D'INFORMATION, UN PROCÉDÉ PROTÉIFORME DE PLUS EN PLUS SOLLICITÉ

Outre les auditions, les commissions permanentes de l'Assemblée nationale et du Sénat peuvent créer des missions d'information. Cette pratique est née au Sénat avant d'être officialisée et organisée par l'article 21 du RS dès 1976. À l'Assemblée nationale, ce n'est qu'en 1990 que l'article 145 du RAN a permis aux commissions permanentes « *de confier à un ou plusieurs de leurs membres une mission d'information temporaire portant, notamment sur les conditions d'application d'une législation* ». Le Conseil constitutionnel a autorisé le recours aux missions d'information à la condition qu'elles soient temporaires et qu'elles se limitent à « un simple rôle d'*information* »[1].

Les missions d'information ont l'avantage d'être très souples : elles peuvent être individuelles ou collectives, d'une durée plus ou moins longue, et impliquer ou non des déplacements en France ou

1. CC n°90-275 DC du 6 juin 1990, rec. 67, résolution n° 288 modifiant l'article 145 RAN.

à l'étranger. « *Elles peuvent être créées soit par une ou plusieurs commissions, soit par la Conférence des présidents. Elles établissent un rapport qui peut donner lieu, en séance publique, à un débat sans vote ou à une séance de questions* »[1].

Différents types de mission d'information

Il en existe trois types : les missions d'information de la Conférence des présidents, les missions d'information communes et les missions d'information des commissions permanentes.

Créées par Jean-Louis Debré en 2003, **les missions d'information de la Conférence des présidents** sont instaurées par le président de l'Assemblée nationale[2]. L'objectif était de conférer à ces missions « *une solennité particulière, proche de celle des commissions d'enquête, sans que leur fonctionnement soit encadré par des limites temporelles aussi strictes que celles qui s'imposent à ces commissions* »[3]. Cette procédure est donc réservée à des sujets sensibles ou à des thèmes d'actualité susceptibles d'intéresser l'ensemble des parlementaires et des commissions, comme, sous la XIVème législature, la mission d'information sur les moyens de Daech. Le président de l'Assemblée a la possibilité de présider la mission. Ce fut notamment

1. www.assemblee-nationale.fr, Les missions d'information, XVIème législature.
2. Article 145 alinéa 4 du RAN.
3. DEBRE Jean-Louis, *Proposition de résolution tendant à compléter le Règlement de l'Assemblée nationale et à modifier ses articles 14, 50, 65, 91, 104 et 128*, AN, Exposé des motifs, 12 février 2003.

le cas de la mission d'information sur la gestion et les conséquences dans toutes ses dimensions de l'épidémie de Covid-19, créée par la Conférence des présidents du 17 mars 2020, afin d'effectuer un suivi renforcé de la gestion de la crise sanitaire et des mesures prises dans le cadre de l'urgence sanitaire par le Gouvernement. Cette mission a été présidée par le président de l'Assemblée nationale, Richard Ferrand, qui en était également le rapporteur général. Dans un premier temps, les huit présidents des commissions permanentes en étaient également co-rapporteurs. Cette mission d'information a ensuite été transformée en commission d'enquête[1].

L'article 145 alinéa 2 du RAN prévoit que les missions d'information « peuvent être communes à plusieurs commissions », appelées **missions d'information communes**. Le but est d'aborder les problèmes de manière transversale. Au Sénat, l'article 21 du RS prévoit leur régime. Dans les deux assemblées, ces missions sont constituées lorsque plusieurs commissions souhaitent charger certains de leurs membres d'étudier un thème commun à leurs domaines de compétence. Elles se concluent par la publication d'un rapport d'information. Pendant la première année de la XVIème législature, une mission de ce type a été mise en place : la commission des affaires économiques et

1. Le 3 juin 2020, à l'issue de cette première phase, la mission d'information a entamé la deuxième phase de ses travaux en se dotant des prérogatives d'une commission d'enquête. Éric Ciotti (LR) a été élu rapporteur et Brigitte Bourguignon (LaREM) présidente de la mission d'information, en remplacement de Richard Ferrand.

la commission du développement durable et de l'aménagement du territoire ont créé, le 7 février 2023, une mission d'information commune sur la rénovation énergétique des bâtiments, présidée par Jean-Louis Bricout, député de l'Aisne, et ayant pour co-rapporteures Julie Laernoes, députée de Loire-Atlantique, et Marjolaine Meynier-Millefert, députée de l'Isère. Sous la XVème législature, plusieurs missions d'information communes ont été initiées, comme celle sur la réglementation et l'impact des différents usages du cannabis, associant des membres des commissions des affaires économiques, des affaires sociales, des lois, des finances, des affaires culturelles et éducatives, et du développement durable.

Les missions d'information propres à chaque commission sont constituées par les commissions permanentes pour étudier un sujet, préparer l'examen d'un texte ou contrôler l'application d'une loi adoptée. Elles sont confiées à un ou plusieurs députés et se concluent par la présentation d'un rapport d'information. Elles sont temporaires. En pratique, le choix du sujet de la mission est déterminé de façon très libre : soit la commission a identifié un problème et propose la création d'une mission d'information, soit c'est un parlementaire qui propose un sujet au président de la commission. Dans ce dernier cas, c'est l'élu qui aura été à l'initiative de la création de la mission d'information qui peut obtenir le poste de rapporteur ou de président. À noter que de telles missions sont parfois créées pour préparer l'examen d'un texte de loi ou pour contrôler l'application d'une loi récemment adoptée.

Pratique

La facilité de constitution des missions d'information, peu formelle, explique leur succès, notamment à l'Assemblée nationale. Chaque année, leur nombre est en constante augmentation : 213 sous la XIVème législature, 413 sous la XVème et 42 la première année de la XVIème législature, dont une mission d'information commune et deux missions d'information en Conférence des présidents. Un bilan récapitulatif a d'ailleurs été publié par la présidente de l'Assemblée nationale :

Missions d'information des commissions

	En cours	2022-2023
Commission des affaires culturelles et éducation *Dont missions flash*	6 -	2 *2*
Commission des affaires économiques *Dont missions flash*	4 -	12 -
Commission des affaires étrangères *Dont missions flash*	5 -	2 *1*
Commission des affaires sociales *Dont missions flash*	6 *4*	3 *2*
Commission de la défense *Dont missions flash*	2 *2*	5 *4*
Commission du développement durable *Dont missions flash*	3 *1*	9 *3*
Commission des finances *Dont missions flash*	6 -	1 *1*
Commission des lois *Dont missions flash*	4 *1*	5 *2*
Total ***Dont missions flash***	**36** ***8***	**39** ***15***

Les missions d'information sont pluralistes : les différents groupes politiques y sont représentés, de manière proportionnelle. Chaque groupe transmet le nom des députés appartenant à la mission d'information qui constituera le bureau. Le nombre de députés dépend de la mission. Au Sénat, ces missions comportent généralement 23 membres et sont composées équitablement. Un président et un rapporteur sont désignés pour chaque mission, l'un des deux étant issu des groupes d'opposition ou minoritaires. Le poste clé de la mission est celui de rapporteur : c'est lui qui rédige le rapport et le présente aux membres de la commission permanente. La fonction de président est plus formelle : il participe à l'organisation des travaux et aux choix des auditions mais pas à la rédaction du rapport ; il ne peut qu'annexer ses observations ou faire un avant-propos.

La majorité avait tendance à maîtriser le processus de création des missions d'information. Aujourd'hui, le Gouvernement ne disposant désormais que d'une majorité relative, les différents groupes d'opposition prennent une part accrue. Ainsi, la plupart des missions d'information créées depuis juin 2022 présentent deux co-rapporteurs de groupes politiques différents[1].

Au fil des législatures, **les prérogatives des missions d'information se sont étoffées** : la loi du 4 juin 1996, tendant à élargir les pouvoirs d'information du Parlement, a donné la possibilité aux commissions

1. C'est notamment le cas pour la commission des affaires économiques, du développement durable ou des affaires sociales.

permanentes ou spéciales de « *demander à l'assemblée à laquelle elles appartiennent, pour une mission déterminée et une durée n'excédant pas six mois* »[1]. Elles ont les mêmes pouvoirs d'information, de contrôle et d'évaluation que les commissions permanentes. Les députés et sénateurs disposent de plusieurs outils pour mener leurs investigations, notamment :

- ▶ Tout d'abord, les membres de la mission d'information mènent des auditions : ministres, syndicats, experts, etc. Toute personne susceptible d'**éclairer les parlementaires peut être auditionnée. La liste est souvent proposée par l**'administrateur en charge de la mission d'information. Il peut être intéressant pour un secteur qui n'a pas **été** directement sollicité de demander à être auditionné par le président et le rapporteur ; cette demande ne sera toutefois pas forcément satisfaite. Il est également possible de transmettre une contribution écrite qui pourra être étudiée par les membres de la mission d'information, notamment par le rapporteur et le président.
- ▶ Le bureau de la commission est compétent pour organiser la publicité des travaux des missions d'information créées par celleci. La publication des rapports établie par ces missions d'information est autorisée par la commission.
- ▶ Les parlementaires peuvent également réaliser des déplacements en France ou à l'**étranger pour rencontrer les acteurs du terrain.**

1. Article 2, Loi n° 96-517 du 14 juin 1996 tendant à élargir les pouvoirs d'information du Parlement et à créer un Office parlementaire d'évaluation des politiques publiques.

- Ils peuvent envoyer des questionnaires préalables aux personnes auditionnées ou non afin d'obtenir une contribution de leur part.
- Les sénateurs peuvent consulter les citoyens et les élus locaux *via* les plateformes de pétitions « senat.fr » et « participation.senat.fr », à travers des questionnaires et des études.

Une fois achevés, le rapport et ses conclusions sont présentés à l'ensemble des membres de la commission. Un rapport de mission d'information peut donner lieu, en séance publique, à un débat sans vote ou à une séance de questions. En outre, selon l'article 1458 du RAN : « À l'*issue d'un délai de six mois suivant la publication du rapport d'une commission d'enquête ou d'une mission d'information, le membre de la commission permanente compétente désigné par celleci à cet effet lui présente un rapport sur la mise en œuvre des conclusions de ladite commission d'enquête ou mission d'information.* » Un rapport sur la mise en œuvre des conclusions d'une commission d'enquête ou d'une mission d'information peut donner lieu, en séance publique, à un débat sans vote ou à une séance de questions.

Bon à savoir

Les commissions permanentes ont mis en place divers moyens, plus souples et rapides, pour réfléchir à un sujet précis :

- **Les missions flash** : initiées par Catherine Lemorton à la fin de la XIVème législature quand elle était présidente de la commission des affaires sociales, elles permettent de réfléchir rapidement à une problématique particulière, de façon plus flexible qu'une mission d'information. Composées de deux co-rapporteurs, ces missions durent environ six semaines et ne donnent pas lieu à un rapport mais à une communication, présentée devant la commission. Ces communications sont disponibles sur le site Internet de l'Assemblée nationale. Ce dispositif permet également de gérer les files d'attente des demandes de mission d'information des différents groupes et de mobiliser moins de ressources - notamment moins d'administrateurs. Une mission flash peut ensuite se transformer en mission d'information de six mois.
- **Les groupes de travail et de suivi :** copilotés par deux co-rapporteurs, désignés selon le principe « du tourniquet », ces groupes de travail comprennent un membre de chaque groupe politique. Ils interviennent en amont d'un projet de loi afin de réfléchir aux différentes problématiques soulevées par le texte. Ces groupes de travail et de suivi peuvent donner lieu à une communication, mais ce n'est pas systématique. Pratique courante en Allemagne, cet outil semble particulièrement utilisé sous la XVIème législature, en raison notamment de la configuration politique de l'Assemblée nationale, afin notamment de rechercher du consensus en amont de l'étude d'un texte.

LES DÉLÉGATIONS SÉNATORIALES, DES STRUCTURES DE RÉFLEXION TRANSVERSALES

Depuis plusieurs années, les assemblées ont souhaité se doter d'instances d'information sur des sujets transversaux qui ne relevaient pas d'une seule commission permanente. Le Sénat a développé des structures afin de créer les conditions d'une évaluation continue et renforcer l'information des sénateurs. Il a mis en place des organes d'information extralégislatifs : les délégations sénatoriales. **Leur mission est triple : assurer une veille juridique et technique sur les secteurs dont elles sont chargées ; informer les parlementaires et alimenter la réflexion à moyen et long termes ; évaluer les conséquences des décisions prises par les institutions compétentes dans ces secteurs**. Il existe six délégations, dont quatre présentées ici, la délégation au renseignement et la délégation aux droits des femmes faisant l'objet d'un développement dans le chapitre suivant. À noter tout de même qu'à l'occasion du 20ème anniversaire de sa création, la délégation aux droits des femmes a instauré en 2019 un prix qui, chaque année, permet de marquer la considération du Sénat pour des personnalités et des structures engagées dans la défense des droits des femmes.

Délégation sénatoriale à la prospective

Avec la crise économique de 2008, la Chambre Haute a considéré que le contrôle budgétaire était une priorité ; elle a donc choisi de transformer la délégation pour la planification en délégation sénatoriale à la prospective. Créée par le bureau du Sénat en avril 2009, s'inscrivant dans le temps long, la délégation comprend trente-six membres désignés à la proportionnelle des groupes politiques.

Au Sénat, la prospective est conçue comme devant être « *transversale et pluridisciplinaire tout en mobilisant des méthodes rigoureuses* »[1]. Elle constitue aussi une démarche collective, « *au-delà des appartenances politiques, en se nourrissant, par la rencontre et l'*échange, de l'*expertise de spécialistes reconnus dans leurs domaines respectifs* »[2]. La délégation privilégie les échanges. Pour réaliser ses travaux, elle combine des formes classiques de travail (auditions, visites de terrain, analyses d'études et de rapports d'information, consultations des associations nationales d'élus) avec d'autres méthodes plus innovantes (sondages d'opinion, partenariats avec des institutions étrangères)[3]. Elle dispose d'une complète autonomie. Elle établit son programme de travail pour

1. www.senat.fr, *Délégation sénatoriale à la prospective.*
2. KAROUTCHI Roger, *Rapport d'information fait au nom de la délégation sénatoriale à la prospective sur les entretiens de la prospective,* Sénat, n°649, 21 juillet 2015, p. 5.
3. www.senat.fr, *Délégation sénatoriale à la prospective.*

la session parlementaire lors de sa seconde réunion, début novembre. Les thèmes des rapports sont choisis de manière collégiale : les sénateurs proposent au président de la délégation des sujets qu'ils décrivent dans des lettres d'intention. La délégation produit trois rapports par session et élabore des scénarii pour contribuer à la définition des politiques et des stratégies publiques.

Délégation sénatoriale aux collectivités territoriales et à la décentralisation

La délégation sénatoriale aux collectivités territoriales et à la décentralisation a été créée, en 1999, afin « *d'informer le Sénat sur l'***état de la décentralisation et sur toute question relative aux collectivités territoriales** »[1]. Elle a pour mission de veiller « *au respect de la libre administration et de l'autonomie financière et fiscale de ces collectivités ainsi qu'***à la compensation financière des transferts de compétences et de personnel. Elle est également chargée d'évaluer les conditions de l'***application locale des politiques publiques intéressant les collectivités territoriales* »[2].

Afin de mener le travail le plus qualitatif possible, la délégation a choisi de se faire seconder par un comité d'experts, à l'image de l'OPECST. Ce comité réunit « *des personnalités politiques, des représentants des associations nationales d'*élus, des grandes institutions et des administrations centrales, ainsi que des économistes, des

1. www.senat.fr, *Les Offices et délégations.*
2. *Idem.*

juristes, des spécialistes des finances locales et des spécialistes du droit comparé »[1]. La délégation peut également consulter d'autres experts, extérieurs au comité, selon les thèmes étudiés : ces derniers sont choisis par le bureau de la délégation, sur proposition de ses membres. Quant au programme de travail, il est déterminé annuellement. La délégation produit huit à dix rapports par an.

Alors que les commissions sont directement en lien avec la procédure législative, la délégation a vocation à travailler en amont, pour l'identification de sujets à enjeux pour les collectivités[2], ou en aval, pour mener des missions d'évaluation des politiques publiques[3]. Elle assure une relation constante et dense avec les différentes associations d'élus locaux ainsi qu'avec le CNEN (Conseil national d'évaluation des normes).

La délégation peut également, en cas de besoin, demander le concours des commissions permanentes compétentes afin d'obtenir la communication de documents nécessaires à l'exercice de ses missions. Elle peut émettre des propositions et demander l'organisation de débats en séance publique. Pour être au plus près du terrain, elle se rend régulièrement dans les territoires lors de réunions « hors Sénat », comme en juin 2022 à Livry dans la Nièvre. Le bureau du Sénat a décidé

1. LAMBERT Alain, Compte-rendu de la délégation sénatoriale aux collectivités territoriales, 3 novembre 2009.
2. Voir ses travaux sur les décharges sauvages ou sur le coût de l'énergie.
3. Par exemple, l'évaluation de la défense extérieure contre l'incendie ou des programmes de revitalisation des centres-villes.

que cette **délégation serait composée de quarante-six membres,** désignés à la proportionnelle des groupes politiques après chaque renouvellement partiel.

Délégation sénatoriale aux outre-mer

En 2011, l'Instruction générale du bureau du Sénat a souhaité mettre en place une nouvelle délégation sénatoriale aux outre-mer[1], chargée « *d'informer le Sénat sur l'*état de la situation des collectivités visées à l'*article 72-3 de la Constitution et sur toutes questions relatives à l'outre-mer* »[2]. La Délégation a été dotée d'un statut législatif par la loi n° 2017-256 du 28 février 2017 de programmation relative à l'égalité réelle outre-mer.

Sa composition diffère des deux précédentes : y participent « *des sénateurs élus dans les collectivités visées à l'article 72-3 de la Constitution ainsi que d'un nombre équivalent de membres désignés par le Sénat de manière à assurer la représentation proportionnelle des groupes politiques et une représentation équilibrée des commissions permanentes* »[3]. Parce que la délégation doit représenter les outre-mer, son bureau assure une répartition proportionnelle des groupes mais reflète également la diversité de ces territoires ; il comprend des sénateurs représentant les quatre grandes zones

1. La délégation dispose désormais d'un fondement législatif aux termes de l'article 99 de la loi n°2017-256 du 28 février 2017 de programmation relative à l'égalité réelle outre-mer et portant autres dispositions en matière sociale et économique, qui insère un article 6 dans l'ordonnance n°58-1100 du 17 novembre 1958 relative au fonctionnement des assemblées parlementaires.
2. www.senat.fr, Les délégations et l'Office.
3. *Idem.*

géographiques : Atlantique, Pacifique, Océan indien et Hexagone.

Elle a pour mission de prendre en compte les caractéristiques, les contraintes et les intérêts propres de ces collectivités et de veiller au respect de leurs compétences. Enfin, elle est également chargée d'*évaluer les politiques publiques intéressant les collectivités visées à l'*article 72-3 de la Constitution et les conditions de leur application locale.

La délégation produit des rapports d'information, des études thématiques (sur l'agriculture, l'écologie, le développement économique...). Elle organise également des événements et a mis en place des groupes de travail. Le président Stéphane Artano a présenté, le 12 juillet 2023, le bilan triennal (2020-2023) des activités de la délégation : 13 rapports d'information, 201 recommandations, 5 événements et 800 personnes accueillies lors de ces rencontres[1].

Délégation sénatoriale aux entreprises

En 2014, le bureau du Sénat, satisfait du travail réalisé par les délégations, en a instauré une nouvelle, dédiée aux entreprises[2] ; l'idée était de créer une « *instance transversale permettant de recueillir les attentes des entreprises et de coordonner l'action du Sénat envers elles* »[3]. La

1. www.senat.fr/fileadmin/Office_et_delegations/Outre-mer/Essentiel_bilan_triennal_20-23.pdf
2. Arrêté de bureau n° 2014-280 du 12 novembre 2014.
3. LAMURE Elisabeth, *Comptes rendus de la délégation sénatoriale aux entreprises*, 4 décembre 2014.

délégation sénatoriale aux entreprises est donc chargée « *d'informer le Sénat sur la situation et les perspectives de développement des entreprises, de recenser les obstacles à leur développement et de proposer des mesures visant à favoriser l'esprit d'entreprise et à simplifier les normes applicables à l'activité économique, en vue d'encourager la croissance et l'emploi dans les territoires* »[1]. À ce titre, elle est compétente « *pour examiner les dispositions des projets et des propositions de loi comportant des normes applicables aux entreprises* »[2]. Elle a pris de nombreuses initiatives et conduit diverses études pour éclairer le vote du Sénat sur les dispositions qui touchent l'entreprise.

La délégation, composée de quarante-deux sénateurs, est destinée à offrir aux chefs d'entreprise un interlocuteur privilégié au sein du Parlement. Elle favorise donc les échanges directs avec eux : rencontres avec des entrepreneurs, élaboration de sondages pour les interroger directement, visites d'entreprises.

Très active, la délégation procède à de nombreux déplacements et produit chaque année entre deux et six rapports de fond destinés à éclairer le législateur, sur les sujets de préoccupation principaux des entreprises – simplification administrative, numérisation et cybersécurité, responsabilité sociétale des entreprises, recrutement, transmission d'entreprise, difficultés en matière de commerce extérieur… – dont les préconisations peuvent conduire au dépôt de propositions de loi ou de résolutions signées par plusieurs de ses

1. www.senat.fr, *La délégation sénatoriale aux entreprises*.
2. *Idem*.

membres. Elle a même lancé des podcasts, disponibles sur les plateformes de téléchargement. La délégation est déjà allée à la rencontre de plus de 400 entrepreneurs à l'occasion d'une quarantaine de déplacements dans 34 départements.

Bon à savoir

Le travail mené dans les délégations peut donner lieu à des initiatives législatives, que ce soit des propositions de loi ou des amendements. En effet, à la fin des rapports, les rapporteurs procèdent à des recommandations. Ils peuvent alors les reprendre si celles-ci ne sont pas d'ordre réglementaire. Le bilan de la délégation des entreprises précise que 60 % des amendements initiés par la Délégation ont été adoptés ou satisfaits entre 2014 et 2020[1].

1. www.senat.fr/fileadmin/Office_et_delegations/Entreprises/Fichiers/4_PAGES_BILAN-version_finale.pdf

LES DÉLÉGATIONS À L'ASSEMBLÉE NATIONALE, DES OUTILS DE TRAVAIL THÉMATIQUES

Dans un souci d'acquérir une expertise autonome sur certains sujets, l'Assemblée nationale, comme le Sénat, ont mis en place des délégations parlementaires destinées à être des organes de réflexion sur les sujets qu'elle aborde. L'objectif de ces délégations est de permettre aux parlementaires de prendre du recul face à un flux considérable et croissant de textes législatifs, et d'anticiper certaines évolutions. Les thèmes des délégations sont parfois identiques à l'Assemblée nationale et au Sénat (délégation aux droits des femmes par exemple, outre-mer, décentralisation), mais peuvent également être différents (entreprises et prospectives pour le Sénat, droit des enfants à l'Assemblée).

Délégation aux droits des femmes et à l'égalité entre les hommes et les femmes

La loi n° 99-585 du 12 juillet 1999 a créé, au sein de chacune des deux assemblées du Parlement, une délégation aux droits des femmes et à l'égalité des chances entre les hommes et les femmes. À l'Assemblée nationale comme au Sénat, la délégation compte trente-six membres désignés « *de manière à assurer une représentation proportionnelle des groupes parlementaires et équilibrée des hommes et des femmes ainsi que des commissions permanentes* »[1]. La délégation de l'Assemblée nationale est désignée au début de la législature pour la durée de celle-ci. Les délégations établissent leur règlement intérieur, qui précise notamment la composition de leur bureau, élu au début de chaque législature. La délégation de l'Assemblée nationale et celle du Sénat peuvent décider de tenir des réunions conjointes.

La délégation aux droits des femmes a trois missions principales :

- **Une mission générale d'information** des assemblées sur la politique menée par le Gouvernement au regard de ses conséquences sur les droits des femmes et sur l'égalité des chances entre les hommes et les femmes.
- **La délégation peut également être saisie dans le domaine législatif** d'un projet ou d'une proposition de loi : à l'initiative du bureau de l'une ou l'autre assemblée ; à son initiative ; à la demande d'un président de groupe ; ou encore sur demande d'une commission permanente ou spéciale. Elle établit alors un rapport d'information assorti de recommandations. Celles-ci n'ont pas nécessairement toutes une portée législative, mais elles permettent d'attirer l'attention des

1. www.assemblee-nationale.fr, la délégation aux droits des femmes et à l'égalité des chances entre les hommes et les femmes.

pouvoirs publics sur des points d'amélioration de certaines politiques publiques. Ce travail peut aussi se concrétiser par des amendements au texte en discussion, présentés collectivement ou individuellement. Depuis sa création, la délégation aux droits des femmes du Sénat s'est ainsi prononcée sur des textes portant sur l'égalité professionnelle entre les femmes et les hommes, la contraception d'urgence, la lutte contre les violences au sein du couple, ou même sur la loi sur la sécurité intérieure.

▸ **La délégation peut aussi travailler sur le suivi de l'application des lois dans son champ de compétences**. En février 2022, elle a ainsi organisé une table ronde sur l'application de la loi Sauvadet, relative à l'emploi titulaire et à l'amélioration des conditions d'emploi des agents contractuels dans la fonction publique, à la lutte contre les discriminations et portant diverses dispositions relatives à la fonction publique.

Ces différents travaux donnent lieu à des rapports, dont les conclusions peuvent être débattues ou contribuer à l'élaboration d'une loi, comme **la proposition de loi pour une « égalité économique et professionnelle réelle » entre les femmes et les hommes**, promulguée le 24 décembre 2021.

À l'Assemblée nationale, le bureau de la délégation a décidé, lors de sa réunion du 21 septembre 2021, de conduire des travaux d'évaluation de la mise en œuvre des recommandations adoptées par la délégation au cours de la présente mandature (2017-2022). Il met en lumière les avancées permises ou accompagnées par le travail parlementaire, ainsi que les domaines dans lesquels une attention particulière s'avérera nécessaire au cours des prochaines années[1].

Délégation aux outre-mer

Créée par la Conférence des présidents en juillet 2012, la délégation aux outre-mer a été institutionnalisée dans chaque assemblée par l'article 99 de la loi n° 2017-256 du 28 février 2017. La délégation a pour mission d'informer l'Assemblée nationale sur la situation des collectivités des outre-mer, quel que soit leur statut, ainsi que sur toute question relative aux outre-mer. Elle comprend de plein droit tous les députés élus par les outre-mer. Les autres membres sont nommés à la proportionnelle des groupes politiques de l'Assemblée.

La délégation travaille de manière classique : elle établit des rapports d'information, crée des missions flash et procède à de nombreuses auditions. Sous la XVème législature (2017-2022), elle a ainsi rédigé 22 rapports, réalisé 3 missions flash et a pris 10 résolutions. Elle a également organisé 3 colloques.

1. BATTISTEL Marie-Noëlle, CHAPELIER Annie, LEBON Karine, LISO Brigitte, RIXAIN Marie-Pierre, TAURINE Bénédicte, VIRY Stéphane, Rapport sur la mise en œuvre des recommandations adoptées par la Délégation au cours de la législature, AN, n°5117, 23 février 2022.

Délégation aux collectivités territoriales et à la décentralisation

Créée en 2017 sur proposition du président de l'Assemblée nationale, François de Rugy, la délégation aux collectivités territoriales et à la décentralisation a pour vocation de doter l'Assemblée nationale « *d'un organe pérenne pour entretenir un dialogue constructif et permanent avec les collectivités territoriales* »[1]. Comme l'a expliqué François de Rugy à l'époque, l'article 36 du RAN « *donne compétence à la commission des lois pour traiter des collectivités territoriales. Toutefois, bien souvent, les questions relatives à ces dernières sont transversales. Une délégation regroupant des députés venant de toutes les commissions apportera une vraie valeur ajoutée aux travaux* »[2].

Sa composition et son organisation sont similaires aux deux autres délégations parlementaires : elle aussi comprend 36 membres, répartis au prorata des groupes politiques. La délégation mène des auditions, afin d'entendre toute personne qu'elle estime utile pour son information (ministres, hauts fonctionnaires, responsables d'associations d'élus locaux, etc.). Elle produit des rapports d'information ou des missions flash. Alors que les rapports d'information portent, pour la plupart, sur un projet de loi ou une proposition de loi intéressant les collectivités locales, les missions flash sont destinées à analyser un sujet particulier. Elles donnent lieu à une communication, structurée comme un rapport parlementaire, présentée à l'ensemble

1. Communiqué de la présidence de l'Assemblée nationale, Conférence des présidents du 28 novembre 2017.
2. *Idem.*

des membres de la délégation et disponible sur le site Internet de l'Assemblée nationale. Ainsi, lors de la XVème législature, la délégation a publié 14 rapports et auditionné 119 personnes. La délégation a également mis en place des groupes de travail thématiques afin de traiter plus spécifiquement certains sujets.

Délégation parlementaire aux droits des enfants

Il s'agit de la délégation la plus récente. Créée sur décision de la Conférence des présidents du 13 septembre 2022, la Délégation aux droits des enfants est chargée d'informer les députés sur toute question relative à ce sujet.

Composée de 36 membres, comme les autres délégations, elle peut entendre toute personne dont elle estime l'audition nécessaire. Elle organise des auditions individuelles ou des tables rondes. Elle mène également des missions d'information et des missions flash sur les sujets de sa compétence, notamment sur la lutte contre les violences faites aux mineurs en outre-mer, l'éducation et le numérique ou encore le handicap. Un rapport d'information de la délégation a été remis sur la proposition de loi n° 658 (2e rectifié) déposée par la députée Isabelle Santiago visant à mieux protéger et accompagner les enfants victimes et co-victimes de violences intrafamiliales. Le rapport a considéré que cette proposition de loi permettait de mieux garantir la protection de l'enfant, mais qu'elle nécessitait d'être enrichie[1].

1. www.assemblee-nationale.fr/dyn/16/rapports/dde/l16b0806_rapport -information

Bon à savoir

Il existe une délégation au renseignement (DPR), commune à l'Assemblée nationale et au Sénat. Créée par la loi n° 2007-1443 du 9 octobre 2007, elle est présidée alternativement par un député ou un sénateur, composée de quatre députés et de quatre sénateurs, dont les présidents des commissions permanentes de l'Assemblée nationale et du Sénat chargées respectivement des affaires de sécurité intérieure et de la défense (membres de droit). Les autres députés et sénateurs sont désignés par le président de chaque assemblée de manière à assurer une représentation pluraliste[1].
La délégation était initialement chargée de « *suivre l'activité générale et les moyens des services spécialisés à cet effet placés sous l'autorité des ministres chargés de la sécurité intérieure, de la défense, de l'économie et du budget* ». Ses prérogatives ont été élargies par la loi n° 2013-1168 du 18 décembre 2013 relative à la programmation militaire pour les années 2014 à 2019 : elle contrôle désormais l'action du Gouvernement en matière de renseignement et évalue la politique publique en ce domaine. Elle a consacré une large partie de ses travaux à la prévention contre le terrorisme, à la défense et la promotion des intérêts économiques, industriels et scientifiques majeurs de la France, le renseignement territorial, le renseignement pénitentiaire, le renseignement d'intérêt militaire, la cyberdéfense,

1. www.assemblee-nationale.fr, fiche de synthèse n°54 : les délégations parlementaires.

la surveillance des communications électroniques internationales, etc. Quatre de ses membres, deux sénateurs et deux députés sont désignés pour composer la commission de vérification des fonds spéciaux (CVFS) chargée de s'assurer, chaque année, que ces fonds, votés en loi de finances, sont utilisés conformément à leur destination. Les travaux de la DPR, de même que ceux de la CVFS, sont couverts par le secret.

LES GROUPES D'ÉTUDES, UN INSTRUMENT DE CO-CONSTRUCTION

Le Parlement cherche à se doter d'instruments d'expertise autonomes du Gouvernement. Dans cette perspective, **les groupes d'études parlementaires ont été créés afin de permettre aux élus de réfléchir sur des sujets particuliers**. Ils n'interviennent pas directement dans le processus législatif : ils « ont pour mission *d'assurer une veille juridique et technique* »[1].

Constitution

Les groupes d'études sont des organes **constitués le temps d'une législature.** Ils ne sont pas mentionnés directement dans le RAN mais **doivent respecter l'article 23 du Règlement qui interdit la constitution de lobbies au sein du Parlement.**

Le bureau de l'Assemblée nationale désigne le groupe politique à qui revient la présidence du groupe

1. www.senat.fr, *Groupes d'*études, consulté le 22 septembre 2014.

d'études[1]. À charge pour lui de désigner en son sein le président ; la pratique veut toutefois que si un parlementaire est à l'initiative de la création du groupe d'études, il le préside, seul ou avec un collègue. Une fois le groupe d'études constitué, il élit son bureau lors de la première réunion. Certains groupes peuvent comporter un nombre important de vice-présidents (on a pu en trouver huit). Si les candidats sont aussi nombreux, c'est en raison du caractère honorifique de cette fonction. De même, le nombre de secrétaires, illimité en théorie, est très aléatoire d'un groupe à l'autre.

Au début de chaque législature, la répartition des présidences fait l'objet d'un arrangement entre les groupes politiques : la majorité fait part de ses souhaits, notamment en ce qui concerne les groupes d'études les plus importants, et négocie ensuite avec les groupes politiques minoritaires et d'opposition. Quant aux députés, ils choisissent souvent de participer aux différents groupes d'études en fonction de leurs centres d'intérêts personnels ou des particularités de leur circonscription : un député de Gironde se doit, par exemple, de participer au groupe d'études sur la viticulture, tandis qu'un parlementaire intéressé par les questions de santé pourra choisir de participer au groupe d'études sur les maladies rares. Les groupes politiques peuvent centraliser les demandes d'adhésion et les souhaits de postes (présidence, vice-présidence).

1. Il arrive que les groupes d'études soient présidés par deux groupes politiques.

Les députés s'inscrivent généralement au début de la législature mais ils peuvent également le faire à tout moment pendant la législature, en envoyant un mail au président du groupe ou à l'administrateur.

À l'Assemblée nationale, sous chaque législature, de nombreux groupes d'études ont été constitués :

Législature	Nombre de groupes d'études
XVIème législature 2022 – en cours	80
XVème législature (2017-2022)	113
XIVème législature (2012-2017)	107
XIIIème législature (2007-20012)	124
XIIème législature (2002-2007)	130
XIème législature (1997-2002)	102

Sous la XIVème et la XVème législatures, l'ensemble des groupes d'études ont été constitués au mois d'octobre. Sous la XVIème législature, le nombre de groupe d'études, devenu exponentiel, a été limité à 80 et la répartition des présidences entre les différents groupes politiques s'est révélée être compliquée, du fait de l'importance numérique de certains groupes extrêmes. **L'attribution**

de la présidence d'un groupe d'études reste un enjeu politique majeur. Ainsi, il y a eu, lors du début de cette législature, une polémique autour du souhait du RN de présider un groupe d'études sur l'antisémitisme, présidence qui a finalement été attribuée au député Mathieu Lefevre (Renaissance).

Fonctionnement

Chaque groupe d'études est doté d'un administrateur, chargé d'apporter une aide technique et d'assurer son secrétariat : il organise les auditions, envoie les convocations, les déplacements éventuels, réserve les salles de réunion, établit les comptes rendus des réunions, etc. En revanche, les groupes d'études ne disposent d'aucun financement.

Les thèmes de travail sont très variés : ils concernent aussi bien l'écologie que la santé, l'économie, l'industrie ou la culture. Certains sujets sont récurrents : ainsi le groupe d'études sur la chasse, celui sur le cheval ou encore celui intitulé « Forêt, bois, meuble et ameublement » ont été recréés à chaque législature entre 2007 et 2014. Pour mener à bien leur mission, les groupes d'études procèdent à des auditions (de ministre, fonctionnaires, personnalités du secteur concerné, syndicats, associations, etc.), réalisent des déplacements ou participent à des événements extérieurs au Parlement (colloques, etc.).

L'activité des groupes d'études s'avère toutefois variable : alors que certains groupes organisent régulièrement des auditions, d'autres se réunissent rarement.

L'implication des députés est elle aussi inégale : certains députés, intéressés par le sujet, assistent régulièrement aux auditions, d'autres s'y rendent rarement. En plus d'être inégal, le travail réalisé par les groupes d'études reste peu connu.

Au Sénat, les règles de création et de fonctionnement des groupes d'études sont similaires à celles de l'Assemblée nationale : autorisation de création par le bureau du Sénat, désignation du président par le groupe politique qui s'est vu attribuer la présidence du groupe, administrateur dédié au secrétariat du groupe[1].

Bon à savoir

Les groupes d'études sont transpartisans : des députés de tout groupe politique travaillent ensemble sur un thème précis qui les intéresse. Ainsi certains courriers, propositions de loi ou amendements peuvent être cosignés par des députés de bords divers mais appartenant au même groupe d'études. L'initiative peut venir du président ou de l'un des membres. À noter également que les groupes d'études sont particulièrement pertinents et faciles d'accès pour les associations, représentants d'intérêts, ONG, etc. Il est en effet possible de demander des rendez-vous, proposer des visites, présenter des enjeux en lien avec le secteur du groupe d'études, et ainsi de connaître les parlementaires qui sont sensibles à leur sujet.

1. Le statut des groupes d'études du Sénat est défini par l'arrêté n°84-63 du bureau.

LES GROUPES D'AMITIÉ, LA DIPLOMATIE PARLEMENTAIRE

En matière d'information, les groupes d'amitié jouent également un rôle important. En effet, **ils permettent aux parlementaires non seulement de tisser des liens avec des parlements étrangers, mais aussi de se tenir informés des enjeux politiques internationaux.**

Constitution

Le site Internet de l'Assemblée nationale précise que « *le rôle premier d'un groupe d'amitié consiste, comme son nom l'indique, à tisser un réseau de liens personnels entre les parlementaires français, leurs homologues étrangers et les acteurs de la vie politique,* économique, sociale et culturelle du pays concerné »[1]. D'après le RAN, ces groupes sont soumis à l'agrément, obligatoire et conditionné, du Bureau de l'Assemblée nationale. Lorsqu'il n'est pas possible de créer un groupe d'amitié avec un État internationalement reconnu, le Bureau peut agréer un groupe d'études à vocation

1. Fiche de synthèse n°60 du site de l'Assemblée nationale.

internationale disposant des mêmes moyens administratifs et financiers. Lors de sa première réunion, la délégation du Bureau chargée des activités internationales examine la liste des groupes d'amitié agréés sous la précédente législature et propose sa reconduction, avec ou sans modifications, le Bureau statuant sur cette proposition.

Trois critères d'agrément ont été définis, depuis 1981, pour l'agrément des groupes d'amitié : l'existence d'un parlement ; l'existence de relations diplomatiques avec la France ; l'appartenance du pays considéré à l'ONU (Organisation des Nations unies), étant entendu que l'absence du dernier de ces critères n'a pas fait obstacle à la constitution de groupes d'amitié avec certains pays (comme la Suisse, devenue membre de l'ONU seulement en 2002) et qu'il est de tradition d'agréer un groupe France-Québec. Les groupes d'études à vocation internationale (GEVI) ont été créés en 1981 pour offrir un cadre adapté à la situation des pays qui ne satisfont pas à au moins l'une des trois conditions en principe exigées pour pouvoir mettre en place un groupe d'amitié. La formule du GEVI est réservée aux pays souverains internationalement reconnus, à l'exception du GEVI sur Taiwan et de celui sur la Palestine. Les groupes d'amitié peuvent organiser des auditions, des entretiens, des réceptions, des visites, rencontrer des ambassadeurs, des missions mais également organiser des voyages. Il faut tout de même avoir à l'esprit que la majorité des groupes ne voyagent pas du tout, et que les déplacements sont devenus aujourd'hui très limités. Des comptes rendus d'activités et des rapports d'information sont disponibles en fonction de l'activité des groupes.

154 groupes ont été constitués lors de la XVIème législature. Au Sénat, il existe actuellement 81 groupes interparlementaires d'amitié (21 groupes régionaux et 60 groupes « mono-pays ») liant la Chambre Haute aux institutions politiques et parlementaires de 190 États. Instruments privilégiés de la coopération bilatérale entre les Parlements, ces groupes contribuent activement à la diplomatie parlementaire.

Fonctionnement

Comme pour les groupes d'études, un fonctionnaire est désigné pour être secrétaire administratif, afin d'assister le président dans tous les aspects du fonctionnement du groupe : à ce titre, il est notamment chargé de l'organisation matérielle des activités du groupe : envoi de convocations, réservation de salles de réunions, rédaction de compte rendu des réunions, mais aussi organisation de déplacements à l'étranger ou de réceptions de parlementaires ou d'ambassadeurs étrangers.

Les groupes d'amitié procèdent donc à des auditions, rencontrent des ambassadeurs, organisent des missions et des réceptions, des visites, voire des déplacements à l'étranger. En effet, chaque année, un crédit permet de financer ces activités. « *Les groupes agréés bénéficient également de moyens financiers. Chaque année, un crédit permet de financer, dans les limites établies par les règles exposées infra, les missions et réceptions préalablement autorisées par le Bureau sur proposition de sa délégation chargée des activités internationales, ainsi que des réceptions en l'honneur d'ambassadeurs ou de personnalités étrangères*[1]». Toutefois, un nombre limité de voyages sont financés. Comme pour les groupes d'études, les comptes rendus d'activités et les rapports d'informations des groupes d'amitié sont disponibles sur le site Internet de l'Assemblée nationale.

Bon à savoir

Les députés sont souvent membres de plusieurs groupes d'amitiés, certains étant plus actifs que d'autres. En revanche, un député ne peut avoir qu'une seule présidence. Le bureau d'un groupe d'amitié comprend, outre le président du groupe, des vice-présidents et des secrétaires parlementaires.

Certains groupes d'amitié sont plus prisés que d'autres. Il est par exemple de coutume que la présidence du groupe d'amitié France-États-Unis soit très demandée. Les députés peuvent s'inscrire dans ces groupes par nécessité politique (par exemple un député transfrontalier a intérêt à appartenir au groupe France-Suisse), mais également par appétence personnelle. Certains groupes sont parfois plus politiques que d'autres, comme aujourd'hui les groupes France-Ukraine et France-Russie...

1. www.assemblee-nationale, l'Assemblée nationale et les relations internationales, *Connaissance de l'Assemblée*, n°11.

LES DISPOSITIFS D'ÉVALUATION

LE CEC, UN ORGANE SINGULIER

Pour répondre à la nouvelle compétence du Parlement en matière d'évaluation des politiques publiques suite à la réforme constitutionnelle de 2008, l'Assemblée nationale a choisi de mettre en place un **Comité d'évaluation et de contrôle des politiques publiques** (CEC). Présidé par le président de l'Assemblée nationale, le CEC est **un organe d'évaluation transversal et transpartisan** : il comprend trente-cinq députés désignés de manière à assurer une représentation proportionnelle des groupes politiques et une représentation équilibrée des commissions permanentes.

Trois missions

Évaluer les politiques publiques est sa fonction principale. Disposant d'un pouvoir d'auto-saisine, il peut de sa propre initiative ou à la demande d'une commission permanente, réaliser des travaux portant sur des sujets transversaux. Lors de sa première réunion, le Comité fixe, sur proposition de son président, son programme de travail pour l'année à venir, et notamment le nombre prévisionnel d'évaluations à réaliser[1]. Celui-ci est ensuite adopté, de manière consensuelle.

Ensuite, il peut également **se prononcer sur la qualité des études d'impact** lorsqu'il est saisi, à la demande du président de la commission à laquelle le projet a été renvoyé au fond, ou du président de l'Assemblée nationale, pour donner son avis sur une étude d'impact accompagnant un projet de loi déposé par le Gouvernement. Il peut aussi évaluer les amendements.

Enfin, il est **la « tour de contrôle » en matière de contrôle et d'évaluation à l'Assemblée nationale** : afin de permettre une bonne coordination des travaux et des demandes d'inscription à l'ordre du jour de la semaine mensuelle de la séance publique consacrée en priorité au contrôle et à l'évaluation, le CEC peut se faire présenter les recommandations des missions d'information créées par les commissions ou par la Conférence des présidents. Le Comité peut en effet proposer à la Conférence des présidents l'organisation, en séance publique, de débats sans vote ou de séances de questions portant sur les conclusions de ses rapports, de ceux des missions d'information ou sur les rapports de la Cour des comptes.

1. Art. 2, Règlement Intérieur, Comité d'évaluation et de contrôle des politiques publiques. Voir également le chapitre VII du RAN relatif au fonctionnement du CEC du titre III sur le contrôle parlementaire.

Méthodes de travail

Au CEC, les sujets sont traités de manière transpartisane : chaque thème est analysé par deux rapporteurs, l'un de la majorité et l'autre de l'opposition. En outre, chaque groupe politique dispose d'un droit de tirage par an. Toutefois, depuis la XVème législature, en raison de la multiplication des groupes politiques, il devient de plus en plus difficile d'honorer l'ensemble des demandes. C'est pourquoi le CEC essaie de donner satisfaction à chacun grâce à un système de tourniquet ou en effectuant des rapprochements entre des sujets qui s'y prêtent. Certains groupes peuvent également accepter aussi un poste de rapporteur pour un autre sujet que celui initialement demandé ou d'effectuer un rapport de suivi.

En moyenne, le travail d'investigation s'étend sur six mois. L'élaboration d'un rapport demande une implication forte, notamment en termes de temps, de la part des rapporteurs. Là encore, en raison de l'augmentation du nombre de groupes politiques, et afin d'impliquer davantage les commissions permanentes dans ses travaux, le CEC a ouvert à des députés non-membres la possibilité de réaliser des rapports pour son compte.

Le rapport, d'une centaine de pages environ, est ensuite rédigé par les administrateurs du CEC, en lien avec les rapporteurs. Ceux-ci disposent d'outils variés :

- Les rapporteurs procèdent à de nombreuses auditions ou organisent des tables rondes pour entendre un maximum d'acteurs.

- Si besoin, ils envoient des questionnaires aux ministères ou aux administrations.
- Ils complètent leur information par des déplacements sur le terrain, en France ou à l'étranger.

Les rapporteurs peuvent **également bénéficier d'une expertise extérieure**, en sollicitant France Stratégie[1], notamment pour des analyses chiffrées, et la Cour des comptes pour des enquêtes approfondies, dont le thème est établi en concertation avec le CEC. Celles-ci ont tendance à être demandées lorsque le rapport nécessite l'évaluation d'une politique publique sur le terrain : non seulement l'Assemblée nationale ne maîtrise pas les techniques d'enquête nécessaires, mais elle ne dispose pas des moyens matériels pour mener une telle enquête. Enfin, les parlementaires ne peuvent pas se permettre de passer plusieurs semaines hors de leur circonscription pour travailler sur leur évaluation. L'enquête de la Cour, une fois achevée, est présentée par son premier président aux membres du CEC. L'aide de ces deux organismes enrichit donc utilement les rapports du CEC.

1. Placée auprès du Premier ministre, France Stratégie formule des recommandations au pouvoir exécutif, organise des débats et contribue à l'évaluation *ex post* des politiques publiques. Créé par un décret du 22 avril 2013, cet organisme a pris la suite du Commissariat général du Plan (1946-2006) et du Centre d'analyse stratégique (2006-2013).

Bon à savoir

Au fur et à mesure des années, le CEC a su s'imposer comme l'organe de référence en matière d'évaluation des politiques publiques. Le CEC publie une vingtaine de rapports par législature, reconnus pour la qualité de leur analyse et certains ont eu un impact non négligeable : le rapport sur les autorités administratives indépendantes (AAI), publié en 2017, a ainsi servi de base aux deux propositions de loi qui ont permis d'harmoniser les règles communes applicables aux AAI en matière d'organisation et de fonctionnement, adoptées la même année. La Mission d'évaluation et de contrôle (MEC) a disparu sous la XVIe législature, renforçant le rôle du CEC et du Printemps de l'évaluation.

L'OPECST, UNE PASSERELLE ENTRE LE MONDE POLITIQUE ET LE MONDE SCIENTIFIQUE

Au début des années 80, la France a connu un débat national sur la recherche qui a débouché sur l'adoption de la loi du 15 juillet 1982 d'orientation et de programmation pour la recherche et le développement technologique. Ayant constaté qu'il ne parvenait pas toujours à apprécier la portée de la politique menée par le Gouvernement dans des domaines très techniques, le Parlement a souhaité se doter d'un outil indépendant lui permettant d'évaluer les décisions du Gouvernement en matière de science et de technologie.

En 1983, les deux assemblées ont donc choisi de se doter d'un organe interparlementaire, inspiré de *l'Office of Technology Assessment* américain : **l'Office parlementaire des choix scientifiques et technologiques** (OPECST). Comme son nom l'indique, l'OPECST est un organe spécialisé, **exclusivement chargé d'éclairer le Parlement dans ses décisions en matière d'innovation scientifique et technologique** : à ce titre, il assure un lien continu entre le monde politique et scientifique. C'est ainsi qu'a été adoptée à l'unanimité la loi du 8 juillet 1983 portant création de l'Office parlementaire des choix scientifiques et technologiques[1]. L'article 1 de la loi prévoit que l'OPECST a la mission « d'*informer le Parlement des conséquences des choix de caractère scientifique et technologique afin, notamment, d'*éclairer ses décisions ».

Fonctionnement original

L'OPECST **est un organe indépendant, doté d'une structure originale. Il s'agit de la première délégation commune aux deux assemblées.** L'Office est donc composé de dix-huit députés et de dix-huit sénateurs, désignés à la proportionnelle des groupes politiques, sur la base du volontariat[2]. Les députés sont désignés au début de chaque législature ; les sénateurs le sont à chaque renouvellement du Sénat, c'est-à-dire tous les trois ans.

Toujours dans un esprit de parité, la loi exige qu'après chaque renouvellement de sa composition, l'Office élise son président et son premier vice-président, qui ne doivent pas appartenir à la même chambre. La présidence et la vice-présidence alternent donc tous les trois ans entre députés et sénateurs ; ce mode d'organisation impose à deux membres

1. Loi n° 83 609 du 8 juillet 1983 portant création d'une délégation parlementaire dénommée office parlementaire d'évaluation des choix scientifiques et technologiques.
2. À l'origine, la loi de 1983 prévoyait seize parlementaires de chaque chambre, huit titulaires et huit suppléants. La loi du 16 juillet 2000 a porté ce nombre à dix-huit, en supprimant la distinction entre titulaires et suppléants.

d'assemblées différentes, parfois opposés politiquement, de travailler ensemble.

En pratique, l'OPECST se réunit alternativement à l'Assemblée nationale et au Sénat, où différents services sont mis à sa disposition : la division de l'OPECST est rattachée à la Direction du contrôle et de l'évaluation de l'Assemblée nationale et, au Sénat, la division de l'OPECST relève de la Direction de l'initiative parlementaire et des délégations. Le budget de l'Office est pris en charge, à parts égales, par chacune des deux assemblées.

L'OPECST a **l'ambition d'être un intermédiaire entre le monde politique et le monde scientifique** : à cette fin, il est doté d'un conseil scientifique, composé de vingt-quatre éminents spécialistes, qui accompagne les rapporteurs tout au long de l'étude, avec cette réserve que les conclusions de l'étude appartiennent aux seuls rapporteurs.

Seuls les parlementaires peuvent saisir l'OPECST. L'Office peut être saisi par le bureau de l'Assemblée nationale ou du Sénat, par les commissions permanentes ou spéciales, à la demande d'un président de groupe politique, ou à la demande de soixante députés ou de quarante sénateurs. Les sujets abordés par l'Office concernent quatre thèmes majeurs : l'environnement, l'énergie, les nouvelles technologies et les sciences de la vie. Certains sujets particulièrement sensibles, comme les problèmes liés au contrôle de la sûreté et de la sécurité des installations nucléaires, ont été abordés plusieurs années de suite. Certaines saisines ont également été renouvelées pour demander à l'OPECST d'actualiser un rapport précédent[1] permettant à l'Office de réaliser un véritable suivi de ses travaux.

Les rapports de l'Office bénéficient d'un certain recul par rapport au travail législatif, puisqu'il est **saisi soit en amont d'un projet de loi soit en aval, mais rarement au moment de sa discussion**. Il procède ainsi à différentes évaluations qui peuvent porter ponctuellement sur des sujets déterminés (comme les cellules souches embryonnaires et adultes), sur des documents précis (demande d'autorisation de stockage profond des déchets nucléaires), sur des documents programmatiques (loi de 2013 sur la recherche) ou sur l'application des lois (comme les lois bioéthiques de 1994, 2004, 2011 et 2021).

Démarche rigoureuse

L'OPECST a mis en place une méthode de travail particulière : une fois saisi, il nomme un ou plusieurs rapporteurs parmi ses membres, le plus souvent un duo représentatif d'une triple mixité (un député, un sénateur ; une femme, un homme : un membre de la majorité, un membre de l'opposition). Lorsque le rapporteur est nommé, il doit réaliser une étude de faisabilité : elle permet d'établir un état des connaissances sur le sujet, de déterminer d'éventuels axes de recherche, d'apprécier les possibilités d'obtenir des

1. Ce fut le cas des rapports sur l'évolution du secteur des semi-conducteurs, la télévision à haute définition numérique, les déchets nucléaires à haute activité, les biotechnologies, etc.

résultats pertinents dans les délais requis, et enfin de déterminer les moyens nécessaires pour engager un programme d'étude[1]. Le rapporteur présente aux membres de l'Office les résultats de son étude de faisabilité accompagnée d'une réflexion méthodologique. À l'issue de cette étude, il propose soit de renoncer à l'étude[2], soit de suggérer à l'auteur de la saisine de la reformuler[3], soit d'engager une étude avec pour finalité le dépôt d'un rapport ; cette dernière option est la plus fréquente.

Élaborer un rapport dans le cadre de l'Office implique un véritable travail de concertation. Comme pour les autres rapports d'information, un fonctionnaire parlementaire est à la disposition du rapporteur tout au long de l'étude afin de lui apporter une aide logistique et juridique. Le rapporteur de l'OPECST peut également s'entourer d'un comité de pilotage, composé de spécialistes du domaine étudié. En pratique, le comité de pilotage aide à saisir les expressions scientifiques, indique les auditions qu'il lui semble pertinent d'organiser, ainsi que les visites de laboratoire. Enfin, le rapporteur a la possibilité de faire réaliser des expertises sur un aspect particulier, mais pas sur l'étude dans sa totalité.

1. www.assemblee-nationale.fr, « L'Office parlementaire d'évaluation des choix scientifiques et technologiques : structure, fonctionnement, composition », Connaissance de l'Assemblée nationale.
2. Cette situation se présente très rarement.
3. Ce fut par exemple le cas d'une saisine portant initialement sur les biocarburants, qui a été élargie aux perspectives du développement des productions agricoles à usage non alimentaire (rapport de l'OPECST n°223 du député Robert Galley, déposé le 20 février 1997).

Sur le plan méthodologique, le rapporteur dispose de plusieurs instruments :

- ▸ Il procède à **l'étude de documents généraux** fournis par les organismes de recherche ou les industriels. Il n'hésite pas ensuite à envoyer des **questionnaires** aux administrations, aux organismes publics et aux industriels. Cette technique d'investigation, classique dans les assemblées parlementaires, a permis à l'Office d'obtenir la communication de données jugées précédemment confidentielles.
- ▸ Le rapporteur **dispose de crédits de mission** en France et à l'étranger pour les visites de laboratoires et d'installations industrielles qu'il estime nécessaires. Hormis les lieux classés top secret, il est impossible d'imposer des restrictions d'accès aux députés. Les visites de terrain ont l'avantage de permettre aux rapporteurs d'avoir des échanges spontanés avec les salariés ou les fonctionnaires, d'observer le mode d'organisation, de fonctionnement ou même le climat social de l'organisme visité.
- ▸ Les rapporteurs de l'OPECST réalisent un important travail d'**auditions**. Cela peut être des auditions collectives et contradictoires qui sont publiques, ouvertes à la presse et diffusées en direct sur le portail vidéo de l'assemblée où elles se tiennent.
- ▸ Les prérogatives des rapporteurs sont étendues : ils ont **des pouvoirs identiques à ceux de rapporteurs spéciaux** des commissions parlementaires chargées des finances. Ils peuvent donc procéder à des contrôles sur pièces et sur

place dans tous les organismes dépendant de l'État et se faire communiquer tous les documents de service, à l'exception de ceux concernant la défense nationale ou la sécurité de l'État. Ainsi, deux rapporteurs ont effectué en 2011 deux visites inopinées de centrales nucléaires.

▶ En cas de difficultés dans l'exercice de sa mission, l'Office peut demander, pour une durée n'excédant pas six mois, à **bénéficier des prérogatives attribuées aux commissions d'enquête parlementaires**. Cette possibilité n'a pour l'instant jamais été mise en œuvre, l'autorité naturelle de l'OPECST étant désormais bien établie[1].

Sous la XVème législature, l'OPECST a décidé d'innover : trois conseillers scientifiques, détenteurs d'un doctorat, ont été recrutés afin de venir en appui des fonctionnaires. Ils réalisent notamment de la veille dans leurs domaines respectifs et rédigent des notes. Les parlementaires et les membres du conseil peuvent aussi se proposer pour élaborer des notes scientifiques. Réalisées en quelques semaines, dans un format de quatre pages, faciles à lire et complétées par des annexes, ces notes visent à présenter une synthèse pédagogique de l'état de l'art sur un sujet scientifique ou technologique d'actualité. Elles détaillent son contexte, les enjeux, les mesures mises en œuvre, le bilan des résultats déjà obtenus et les pistes de recherche. Ces notes de quelques pages sont rédigées par les administrateurs et les contractuels scientifiques, dans un délai

1. www.assemblee-nationale.fr, L'OPECST, un organe parlementaire au confluent de la science et de la politique.

3 à 6 mois, à partir de quelques dizaines d'auditions[1]. Après l'adoption de la note par l'Office, le rapporteur la présente sous la forme d'une courte vidéo, diffusée sur le portail Internet de l'Office.

L'Office cherche en effet à investir davantage « *le temps court* »[2], celui de l'actualité : pour cela, il investit les réseaux sociaux (Facebook, X, ex-Twitter) et recourt à des auditions publiques. Ainsi, après l'incendie de la cathédrale de la capitale, l'OPECST a organisé le 23 mai 2019 une audition publique sur le thème des « sciences et technologies en appui de la restauration de Notre-Dame de Paris ». Enfin, l'Office tend à investir de nouveaux thèmes de recherche, comme en témoigne la note rédigée par le sénateur Pierre Ouzoulias sur les rites funéraires, qui relève des sciences humaines et sociales.

Le travail de OPECST est reconnu aussi bien sur la scène nationale qu'internationale. **Le fonctionnement transpartisan et bicaméral de l'Office a fait ses preuves : en trente ans d'existence, l'Office a su s'imposer comme un organe d'évaluation indépendant et efficace.** Les rapports de l'Office ne sont pas une simple juxtaposition des points de vue exprimés par les experts. Les rapporteurs s'approprient les informations rassemblées et développent sur cette

1. SCHULTZ Émilien, MOLINIE-ANDLAUER Marie-Alix, « Entre évaluation technologique et conseil scientifique : la trajectoire de l'Office parlementaire d'évaluation des choix scientifiques et technologiques », *Cahiers d'histoire du Cnam*, 2021, Actualité de Jean-Jacques Salomon, vol.14 (1), pp. 63-91.
2. *Idem.*

base leurs propres analyses, en essayant de prendre en compte au mieux les différents aspects du sujet, pour apporter l'éclairage le plus complet possible. À l'issue de leur étude, ils soumettent leurs conclusions et leurs recommandations.

Bon à savoir

L'impact des préconisations de l'OPECST est réel mais dépend des secteurs. Dans les secteurs que l'on peut qualifier d'historiques, les préconisations de l'Office sont naturellement suivies : ainsi, quinze jours après la présentation du rapport sur la stratégie de recherche en énergie, Olivier Appert, président de l'IFPEN (Institut français du pétrole – Énergies nouvelles), est venu annoncer à l'OPECST la création des alliances de recherche, comme le rapport le recommandait. Les préconisations des rapports de l'Office peuvent également être reprises par le Gouvernement : le rapport réalisé par Christian Kert dans le cadre de l'Office sur les techniques de prévision et de prévention des risques naturels en France[1] a influencé les mesures prises par Jean-Claude Gayssot, alors ministre des Transports, pour améliorer la sécurité des tunnels routiers et ferroviaires. Dans d'autres secteurs plus nouveaux pour l'Office, ce dernier contrôle l'impact de son rapport en organisant, un ou deux ans après, une audition ou en convoquant un ministre à une réunion de l'OPECST pour lui demander quel a été le suivi.

1. KERT Christian, *Rapport sur les techniques de prévision et de prévention des risques naturels en France*, OPECST, AN, n°1540, 12 avril 1999.

L'Office est devenu un organe d'évaluation incontournable du Parlement français, au point d'en faire une instance de recours en cas de blocage institutionnel, comme ce fut le cas pour la question des déchets nucléaires ou de la construction en France d'un synchrotron. De même, il arrive que le Parlement saisisse l'OPECST pour bénéficier d'un avis scientifique sur certains sujets précis suite à des pétitions en ligne que les plateformes du Sénat ou de l'Assemblée reçoivent. Ainsi, en février 2022, le Sénat a chargé l'Office de « *répondre aux inquiétudes qui s'expriment* »[1] après plusieurs pétitions sur les effets secondaires des vaccins, dont une qui réclamait une commission d'enquête parlementaire.

1. Article de Louis MOLLIER-SABET, publié le 09/02/2022, sur le site www.publicsenat.fr.

LA MECSS, L'ÉVALUATION DES FINANCES SOCIALES

La **Mission d'évaluation et de contrôle de la Sécurité sociale** (MECSS) a pour objet le suivi et le contrôle de l'application des lois de financement et peut procéder à l'évaluation de toute question touchant aux finances de la Sécurité sociale. La MECSS n'est pas un organe de contrôle obligatoire : c'est une simple possibilité offerte à la commission de chaque assemblée saisie au fond du projet de loi de financement de la Sécurité sociale.

Cette dernière, malgré ses limites, a su devenir au fil des ans un outil de contrôle incontournable à l'Assemblée nationale. Alors que le déficit du système de protection sociale est devenu structurel, la création de la MECSS procède de la volonté de doter le Parlement d'un outil spécifiquement tourné vers le contrôle des finances de la Sécurité sociale. La MECSS a vocation à permettre aux députés de suivre de manière permanente l'application des lois de financement de la Sécurité sociale ; elle peut également procéder à l'évaluation de toute question relative aux finances de la Sécurité sociale, notamment à travers le Printemps social de l'évaluation.

Historique

La MECSS est **née d'une initiative parlementaire**. En effet, sa création résulte d'un amendement déposé par le député Jean-Michel Dubernard, rapporteur du projet de loi relatif à l'assurance maladie du 13 août 2004. Il répondait à la volonté commune de l'ensemble des groupes politiques présents à l'Assemblée nationale de renforcer le contrôle parlementaire sur les finances sociales, en dotant la commission des affaires sociales d'une structure identique à la MECSS[1].

Par la suite, la loi organique n° 2005-881 du 2 août 2005 relative aux lois de financement de la Sécurité sociale a renforcé le contrôle du Parlement sur les comptes de la Sécurité sociale, notamment en élargissant le champ d'investigations de la MECSS et en précisant ses pouvoirs.

Fonctionnement

La MECSS se veut transpartisane, co-présidée par un député de la majorité et un de l'opposition. Ainsi, réuni le 20 juillet 2022, le bureau de la commission des affaires sociales a décidé de reconstituer la MECSS selon les principes suivants :

- coprésidence par un commissaire de la majorité et un commissaire de l'opposition participant tous deux (sans droit de vote) aux réunions du bureau de la commission ;
- rapporteure générale membre de droit ;

1. Cette disposition figure aujourd'hui à l'article LO 111-10 du code de la sécurité sociale.

- ▸ parité majorité/opposition pour les autres membres
- ▸ représentation de l'ensemble des groupes politiques.

Au cours de sa réunion du 2 août 2022, la commission des affaires sociales a procédé à la désignation des vingt membres de la MECSS. Celleci, au cours de sa réunion constitutive du 11 janvier 2023, a désigné ses deux co-présidents, Cyrille Isaac-Sibille et Jérôme Guedj.

La MECSS est placée sous l'égide de la commission des affaires sociales : les thèmes de travail sont proposés par le bureau de la commission, après consultation de la Cour des comptes. C'est également la commission qui a souhaité que la MECSS travaille en toute transparence : les auditions menées sont publiques et les comptes rendus des réunions sont disponibles sur le site Internet de l'Assemblée nationale.

Ses méthodes de travail sont similaires à celles des autres missions d'information. La MECSS a été immédiatement dotée de pouvoirs lui permettant de convoquer des témoins, d'obtenir des documents et d'effectuer des contrôles sur pièces et sur place auprès des administrations de l'État et des organismes de sécurité sociale[1]. La MECSS peut elle aussi bénéficier

1. La loi organique n° 2005-881 du 2 août 2005 relative aux lois de financement de la sécurité sociale a prévu d'élargir le champ d'investigations de la MECSS et précisé ses pouvoirs aux articles L.O. 111-9, L.O. 111-9-1, L.O. 111-9-3 et L.O. 111-10 du code de la sécurité sociale.

de l'assistance de la Cour des comptes[1] et du concours de l'inspection générale des affaires sociales.

Ainsi, **la Cour des comptes et la MECSS se rencontrent deux fois par an**, en mai et en octobre, afin de s'informer réciproquement de l'état d'avancement de leurs travaux. À cette occasion, les thèmes d'études susceptibles de faire l'objet d'une saisine de la Cour sont évoqués. La réunion d'octobre permet d'évaluer les conditions de mise en œuvre de la coopération et d'examiner les suites susceptibles d'être données, par l'Assemblée nationale et par la Cour, aux conclusions de la MECSS. Par ailleurs, lorsque des membres de la Cour assistent à des auditions de la Mission, une réunion préparatoire est organisée avec ces magistrats, dans un souci d'efficacité.

La MECSS réalise une dizaine de rapports par législature. La qualité de ces travaux, qui demandent environ six mois de préparation, est unanimement saluée par le Parlement comme par la Cour des comptes.

1. En vertu de la loi constitutionnelle n° 96-138 du 22 février 1996, la Cour des comptes assiste le Parlement dans le contrôle de l'application des lois de financement de la sécurité sociale. L'article 47-2 de la Constitution, introduit par l'article 22 de la loi constitutionnelle n° 2008-724 du 23 juillet 2008, a élargi le champ de cette assistance à l'évaluation des politiques publiques, donc des questions relatives aux finances de la sécurité sociale.

Bon à savoir

L'impact des rapports de la MECSS sur la décision budgétaire est faible. Les rapporteurs ne doivent pas attendre du Gouvernement qu'il intègre de lui-même les suggestions de la Mission ; il appartient donc aux rapporteurs de déposer des amendements afin de rendre effectives leurs préconisations.

Dans le contexte politique de majorité relative de la XVIème législature, **les pouvoirs du rapporteur prennent une dimension très politique** : en 2023, lors de la réforme des retraites, que le Gouvernement avait choisi d'insérer dans un PLFSS rectificatif, Jérôme Guedj, co-président de la MECSS, est allé à la direction de la Sécurité sociale afin de se faire communiquer le nombre de personnes qui pourraient bénéficier de la retraite à 1 200 euros, annoncée par le Gouvernement. Celui-ci a obtenu l'information, mettant ainsi l'exécutif dans l'embarras, le nombre de bénéficiaires étant bien en dessous de celui annoncé par le ministre du Travail, Olivier Dussopt.

LE PRINTEMPS DE L'ÉVALUATION, UN NOUVEAU PROCÉDÉ POUR RENDRE DES COMPTES

Chaque année, au printemps, le Parlement vote la loi relative aux résultats de la gestion et portant approbation des comptes de l'année, qui arrête le montant définitif des dépenses et des recettes de l'État et le résultat financier qui en découle. En 2018, sous l'impulsion d'Éric Woerth, alors président de la commission des finances, l'Assemblée nationale a instauré, en collaboration avec les autres commissions permanentes, le Printemps de l'évaluation. Consacrée par la réforme du RAN de juin 2019, **cette initiative permet à l'Assemblée nationale de mieux répondre à sa mission constitutionnelle d'évaluation des politiques publiques.** Le Printemps se déroule en trois étapes : élaboration de rapport, discussion en commission puis en séance publique.

Élaboration de rapports

La commission des finances adopte en début d'année un programme d'évaluation sur proposition des rapporteurs spéciaux[1]. Dans ce cadre, chaque rappor-

1. Ce dispositif n'a pas pu s'appliquer en 2020 en raison de la

teur spécial, disposant de pouvoirs accrus[1], travaille sur le thème d'évaluation qu'il a proposé, en procédant aux enquêtes et auditions nécessaires. Les rapporteurs peuvent, dans ce cadre, bénéficier de l'aide de la Cour des comptes : celle-ci fournit notamment aux rapporteurs une série exhaustive de notes d'analyse de l'exécution budgétaire. Il s'agit d'une information détaillée et abondante qui couvre les crédits de l'ensemble des missions et qui s'avère indispensable aux rapporteurs spéciaux afin d'éclairer l'appréciation qu'ils doivent porter sur l'exécution des crédits dont ils ont la charge. 45 rapports sont ainsi produits chaque année.

Les députés de la commission des finances souhaitent souvent avoir la possibilité de devenir rapporteur spécial sur un sujet. Chaque groupe désigne en fonction des sujets, ou par un système de rotation, un député pouvant être rapporteur, souvent deux ou trois ans maximum, afin de laisser la place à l'un de ses collègues.

Réunion de commissions d'évaluation des politiques publiques

Une fois les rapports terminés, **tous les ministres sont ensuite auditionnés par la commission des finances, qui se réunit sous la forme de commissions**

pandémie de Covid-19. En lieu et place des thèmes qui avaient été arrêtés en début d'année, un thème unique a été retenu, décliné, avec toutes les adaptations pertinentes, dans chaque rapport d'évaluation : l'impact de la crise sanitaire en termes de mobilisation des crédits budgétaires et de déploiement des politiques publiques.

1. Voir le chapitre sur le contrôle budgétaire.

d'évaluation des politiques publiques (CEPP), fin mai-début juin. Les ministres sont alors interrogés sur les performances des politiques publiques dont ils ont la charge.

Lors de ces réunions, un dialogue se tient entre les rapporteurs spéciaux et les ministres. Lorsque l'ensemble de ces échanges a eu lieu, les orateurs des groupes puis les autres députés peuvent intervenir à leur tour et poser des questions aux ministres.

Chaque CEPP comprend souvent une ou deux discussions portant elles-mêmes sur une ou plusieurs missions. Les regroupements de missions s'efforcent de tenir compte des structures ministérielles, afin qu'un même ministre ne soit auditionné qu'à une seule reprise[1]. Ces réunions monopolisent la commission des finances : elle y a consacré 34 heures 30 en 2018, 36 heures 35 en 2019, 13 heures 11 en 2020[2] (année où les ministres n'étaient pas présents et les réunions se tenaient par visioconférence) et 28 heures 35 en 2021.

En 2021, la commission des finances a voulu structurer les discussions, notamment parce que certaines CEPP regroupaient des rapports spéciaux très différents ou trop nombreux. Des thématiques ont été identifiées, permettant de repérer des séquences de discussion

1. WOERTH Éric, *Rapport d'information, déposé en application de l'article 145 du règlement, par la commission des finances, de l'*Économie générale et du contrôle *budgétaire, sur le Printemps de l'*évaluation, n°2104, 3 juillet 2019.
2. Les réunions se sont tenues en visioconférence en raison de la pandémie de Covid-19.

distinctes au sein d'une même CEPP. Ainsi, par exemple, au sein de la CEPP Europe et Affaires étrangères, trois séquences ont été distinguées : « Affaires européennes », « Action extérieure » et « Aide publique au développement ». Ces rapports, ainsi que leur présentation en commission, sont disponibles sur le site Internet de l'Assemblée nationale, sur la page dédiée au Printemps de l'évaluation.

Printemps de l'évaluation en séance publique

La semaine de contrôle du mois de juin a été consacrée par la Conférence des présidents à des thématiques budgétaires et financières. Les groupes politiques ont la possibilité, dans le cadre de l'ordre du jour qui leur est réservé, d'inscrire soit un débat, soit une série de questions/réponses, ou encore l'examen d'une proposition de résolution (PPR).

Concernant **les PPR** en application de l'article 34-1 de la Constitution, il était initialement demandé aux rapporteurs spéciaux d'en préparer dans la continuité de leurs travaux d'évaluation. Ces propositions étaient ensuite examinées par le bureau de la commission des finances, afin de choisir celles qui seraient inscrites à l'ordre du jour par la Conférence des présidents. Ainsi, en 2019, sept résolutions ont été adoptées dans le cadre du Printemps de l'évaluation 2019, résultant toutes de propositions déposées par un rapporteur spécial. Ces résolutions peuvent aussi permettre à un groupe d'inscrire à l'ordre du jour un sujet politique qu'il défend et qui n'est pas nécessairement consensuel. Par exemple, la proposition de résolution n°1245, relative au dérapage du coût pour l'État de la couverture santé des étrangers en situation irrégulière et des demandeurs d'asile provenant de pays d'origine sûre et au nombre d'étrangers en situation irrégulière, a été discutée en séance publique le 7 juin 2023. Elle faisait suite au rapport d'information de la rapporteure spéciale Véronique Louwagie[1]. Le texte a été rejeté par 120 votes contre (77 députés avaient voté pour).

Bon à savoir

Les modalités du Printemps de l'évaluation évoluent constamment dans un souci d'amélioration : depuis 2020, un rapport regroupant l'ensemble des éléments synthétiques qui ont pu être exposés dans les rapports spéciaux et lors des discussions en commission est publié. En 2021, ce rapport de synthèse dressait un bilan de la méthodologie

1. Proposition de résolution relative au dérapage du coût pour l'État de la couverture santé des étrangers en situation irrégulière et des demandeurs d'asile provenant de pays d'origine sûre et au nombre d'étrangers en situation irrégulière, n° 1245, 23 mai 2023, exposé des motifs : « *« Le 17 mai 2023, la commission des finances, de l'économie générale et du contrôle budgétaire de l'Assemblée nationale, réunie en commission d'évaluation des politiques publiques, a examiné les conclusions d'un rapport présenté par Madame Véronique Louwagie portant sur le coût des soins dispensés aux étrangers en situation irrégulière. Ce travail vise à actualiser les conclusions rendues dans un précédent rapport remis le 26 mai 2021 sur le même sujet. »*

à perfectionner[1]. Il en ressort que les rapports sont trop nombreux et leurs sujets souvent trop larges. Il préconisait ainsi de se limiter à une vingtaine de thèmes d'évaluation et un quota de cinq propositions de résolution inscrites à l'ordre du jour sur proposition de la commission des finances, afin de permettre une réelle mise en valeur des travaux des rapporteurs spéciaux. Le rapport soulignait également la nécessité de renforcer la démarche évaluative des politiques publiques en comparant le plus précisément possible les objectifs poursuivis, les résultats atteints et les moyens consacrés. Le Printemps de l'évaluation n'a pas pu avoir lieu en 2022 en raison des élections législatives.

À noter également que le **Printemps social de l'évaluation** a été inauguré en 2019 par la commission des affaires sociales. Mais il a surtout consisté en l'organisation d'une discussion sur les dispositifs les plus importants du PLFSS en présence des directeurs d'administrations centrales et des branches de la Sécurité sociale en charge de la bonne application des différentes dispositions. Depuis 2020, des rapporteurs de la MECSS travaillent en amont sur plusieurs articles des LFSS précédentes, afin d'échanger ensuite avec les administrations et branches compétentes sur la mise en œuvre des mesures concernées, sur les résultats obtenus et les difficultés rencontrées. Les conclusions des travaux sont réunies dans un rapport d'information.

1. WOERTH Éric, *Rapport d'information, déposé en application de l'article 145 du règlement, par la commission des finances, de l'*Économie générale et du contrôle budgétaire, sur le Printemps de l'évaluation, n° 4403, 21 juillet 2021.

L'ÉVALUATION DE L'APPLICATION DES LOIS, UN ENJEU MAJEUR DU PARLEMENT

Si le Parlement vote la loi, il veille également à sa bonne application. En effet, une loi votée a, la plupart du temps, besoin de textes réglementaires, dits « textes d'application », pour pouvoir avoir un effet dans l'ordonnancement juridique. **Les décrets, arrêtés, circulaires, définissent les modalités pratiques du texte législatif adopté. Sans eux, la loi peut ne pas être applicable. Contrôler la bonne application des lois devient alors un enjeu majeur** pour le Parlement, qui est tributaire de la bonne volonté du Gouvernement en la matière. Préoccupation particulière du Sénat depuis de nombreuses années, la Chambre Haute constate d'ailleurs régulièrement que des lois votées demeurent concrètement non ou partiellement applicables faute de textes réglementaires adéquats pris par le Gouvernement. Fait peut-être plus grave, certaines interprétations réglementaires peuvent ne pas correspondre à la volonté du législateur. Afin de répondre à ces critiques récurrentes, la circulaire du Premier ministre du 29 février 2008 relative à l'application des lois rappelle que la prise de mesures réglementaires doit se faire dans un délai raisonnable, objectif réaffirmé par la circulaire de la Première ministre du 27 décembre 2022 relative à l'application des lois.

Au Sénat

Au Sénat, **le contrôle de l'application des lois constitue une tradition ancienne,** pratiquée depuis les années 70. En effet, depuis 1971, chaque commission permanente est tenue d'assurer un suivi de la parution des textes réglementaires qui relèvent de sa compétence : elle vérifie si les décrets ou les arrêtés nécessaires à l'application des dispositions législatives ont bien été pris avant d'analyser la conformité de leur contenu à la volonté du législateur[1]. Le contrôle de l'application des lois, tel qu'il est conçu au Sénat, **ne s'arrête pas à une analyse quantitative**. Il est protéiforme : il peut aussi être ponctuel sur un texte, qualitatif, voire évaluatif. En effet, le Sénat **vérifie également que l'intention du législateur** soit respectée par le décret d'application, ce qui revêt un aspect plus politique.

Tous les ans, les sept commissions permanentes établissent un bilan complet de ce suivi, présenté par le président de la commission. Elles distinguent, pour chaque texte promulgué, les dispositions directement applicables et celles nécessitant la parution d'un texte réglementaire. En effet, selon le premier alinéa de l'article 19 bis du RS : « *le rapporteur est chargé de suivre l'application de la loi après sa promulgation et jusqu'au renouvellement du Sénat, y compris les ordonnances publiées*

1. Article 19 bis A, RS.

sur son fondement. Il peut être confirmé dans ces fonctions à l'issue du renouvellement. Les commissions permanentes peuvent désigner, dans les mêmes conditions, un autre rapporteur à cette fin ». Dans le cas d'une commission spéciale, les commissions permanentes peuvent désigner, dans les mêmes conditions, un ou plusieurs rapporteurs pour assurer le suivi de l'application des dispositions relevant de leur domaine de compétence[1]. Les commissions permanentes peuvent ensuite, si elles le souhaitent, débattre des moyens nécessaires pour améliorer l'application des lois concernées.

Les informations relatives au suivi de l'application des lois sont consignées au fur et à mesure de la parution des textes réglementaires, sur une base de données nommée **APLEG**. Les commissions s'appuient sur ce logiciel, relevant les mesures d'application en fonction de leur publication et les mentionnent dans le dossier législatif du texte concerné, publié sur le site Internet du Sénat.

Loi promulguée

- Loi visant à lutter contre la précarité des accompagnants d'élèves en situation de handicap et des assistants d'éducation (n° 2022-1574 du 16 décembre 2022), parue au JO n° 292 du 17 décembre 2022
- Table de concordance des articles entre le texte en discussion et le texte final
- État d'application de la loi

En cliquant sur état de l'application de la loi, le citoyen a accès à l'état du droit avec la mise en œuvre des décrets mais également des arrêtés et des mesures

1. Article 19 bis alinéa 2, RS.

non réglementaires (rapports, ordonnances, etc.). Ce contrôle détaille même les mesures encore non prises. Il est effectué régulièrement, mais selon des périodicités variables.

Le Sénat tient également un **compte précis des parutions des ordonnances** de l'article 38 de la Constitution, avec un « tableau de bord » élaboré par la direction de la Séance, régulièrement mis à jour et publié sur le site Internet du Sénat. Chaque commission intègre dans son bilan annuel de l'application des lois ses observations sur l'utilisation des habilitations législatives entrant dans son champ de compétences et obtenues par le Gouvernement[1].

Tableau de bord du quinquennat actuel

(actualisé chaque semaine - dernière actualisation : 21/07/2023)

15	29	2	6,9 %
habilitations accordées	ordonnances publiées	ordonnances ratifiées	taux de ratification des ordonnances

Un des vice-présidents du Sénat est chargé par le bureau d'élaborer **un bilan annuel de l'application des lois**, sous forme de rapport. Ce travail s'appuie sur les éléments fournis par chaque commission permanente, à partir d'échanges avec le Secrétariat général du Gouvernement qui est chargé de la coordination interministérielle de la mise en application des lois. Le rapport est ensuite présenté à la Conférence des présidents où le ministre chargé des Relations avec le Parlement représente le Gouvernement. Grâce à ce débat,

1. www.senat.fr, Le contrôle de l'application des lois.

au cours duquel s'expriment également les présidents de commissions permanentes et les présidents de groupes politiques, le Sénat s'assure que le Gouvernement prenne connaissance de ce bilan ; ce dernier se voit obligé de répondre sur le fond et sur la forme.

À l'Assemblée nationale

Le contrôle de l'application des lois est une pratique plus récente. Il faut attendre 1990 pour que le rapporteur général de la commission des finances procède à l'examen de l'état d'application des dispositions fiscales des lois examinées par la commission. Il examine ainsi non seulement les lois de finances, mais aussi toutes les lois portant dispositions d'ordre économique et financier. Il présente alors au printemps un rapport d'information sur les premiers éléments disponibles concernant l'exécution du budget de l'année précédente. Cette pratique a ensuite été généralisée et étendue à toutes les commissions.

L'article 145-7 du RAN, introduit par la résolution n° 292 du 27 mai 2009, prévoit qu'à l'issue d'un délai de six mois après l'entrée en vigueur d'une loi dont la mise en œuvre nécessite la publication de textes de nature réglementaire, un rapport soit publié sur la mise en application de cette loi. Ce rapport «*fait état des textes réglementaires publiés et des circulaires édictées pour la mise en œuvre de ladite loi, ainsi que de ses dispositions qui n'auraient pas fait l'objet des textes d'application nécessaires*»[1]. Il peut également faire l'objet, en séance publique, d'un débat sans

1. www.assemblee-nationale.fr, Fiche de synthèse n°52 : Le contrôle de l'application des lois et l'évaluation de la législation et des politiques publiques.

vote ou d'une séance de questions. Il doit être rédigé par deux députés : ce binôme comprend obligatoirement le rapporteur du texte dont l'application est examinée, ainsi qu'un député d'un groupe d'opposition. Celui-ci peut avoir été désigné à cette fin par la commission dès que le projet de texte lui est renvoyé.

En pratique, pour contrôler l'application des lois, **les commissions permanentes établissent des échéanciers de mise en œuvre des textes** mis à disposition par le Gouvernement sur le site Légifrance. Elles peuvent également se fonder sur les études d'impact qui accompagnent les projets de loi et qui exposent notamment l'état d'application du droit sur le territoire national dans les domaines visés par le projet de loi ainsi que les modalités d'application dans le temps des dispositions envisagées (décrets d'applications, textes législatifs et réglementaires à abroger, mesures transitoires proposées). Enfin, les rapporteurs peuvent solliciter toute information utile auprès des ministères chargés de la mise en application du texte et entendre les fonctionnaires en charge de la rédaction des décrets.

Depuis la réforme du 28 novembre 2014, l'article 145-7 du RAN **prévoit également l'évaluation de l'impact d'une loi trois ans après son entrée en vigueur** par une mission d'information pouvant être créée par une commission permanente, ou plusieurs, ou encore la Conférence des présidents. Il s'agit alors de faire état dans un rapport « *des conséquences juridiques, économiques, financières, sociales et environnementales de la loi, le cas échéant au regard des critères d'évaluation définis* *dans l'étude d'impact préalable, ainsi que des éventuelles difficultés rencontrées lors de la mise en œuvre de la loi. »*

À noter que les rapports d'application des lois ne se limitent pas toujours au suivi des textes réglementaires, mais permettent également d'évaluer la bonne mise en œuvre par le Gouvernement des dispositions législatives qui ont été votées. À l'issue de leur travail, les rapporteurs présentent leurs conclusions devant la commission permanente compétente, éventuellement en présence du ministre intéressé. Celui-ci peut alors donner les raisons de l'éventuel retard dans la publication de certains textes réglementaires et exposer les problèmes rencontrés dans l'application de la législation.

Quelques chiffres

Le « bilan annuel de l'application des lois au 31 mars 2023 », présenté par Pascale Gruny, vice-présidente du Sénat, présidente de la délégation du bureau en charge du travail parlementaire, du contrôle et du suivi des ordonnances, porte sur les lois adoptées lors de la session 2021-2022[1]. Il s'appuie sur le suivi, par les commissions permanentes, des textes pris en application des lois relevant de leur compétence, ainsi que sur les statistiques générales calculées par le logiciel APLEG. Il donne quelques éléments intéressants sur les taux d'application des lois[2].

1. GRUNY Pascale, *Rapport d'information sur le bilan annuel de l'application des lois au 31 mars 2022*, Sénat, n°658, 9 juin 2022.
2. Tous les chiffres proviennent du bilan annuel de l'application des lois au 31 mars 2023, que l'on peut retrouver sur le site du Sénat : r22-636-syn.pdf (senat.fr).

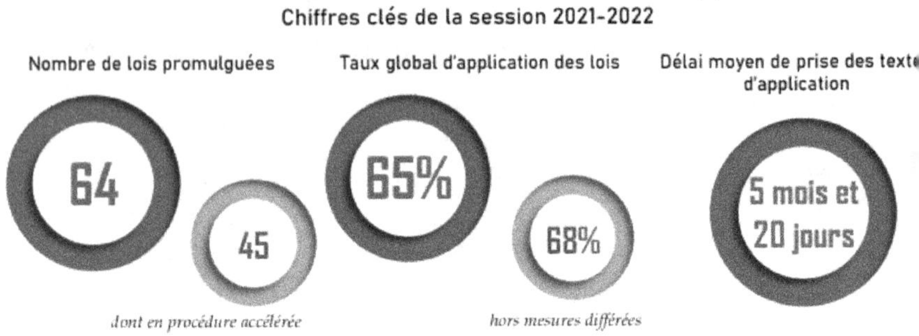

Une application des dispositions législatives à deux vitesses

Les différences de taux d'application sont notables selon que la disposition provienne d'un amendement sénatorial ou d'un amendement de l'Assemblée nationale ou du Gouvernement. Ainsi, près de **70 %** des mesures issues d'un amendement de l'Assemblée nationale ou du Gouvernement ont été appliquées, contre un taux de **57 % pour les mesures issues d'un amendement du Sénat**. Ce différentiel de plus de 10 points est d'autant plus frappant que le Sénat reste un pourvoyeur raisonné de nouvelles mesures réglementaires (15 % du total des mesures). Une nouvelle fois, ces chiffres ne manquent pas d'interroger quant au respect effectif du législateur quand celui-ci siège au Palais du Luxembourg.

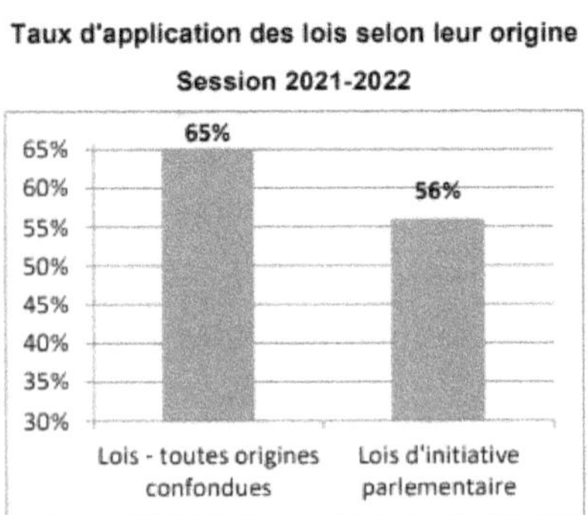

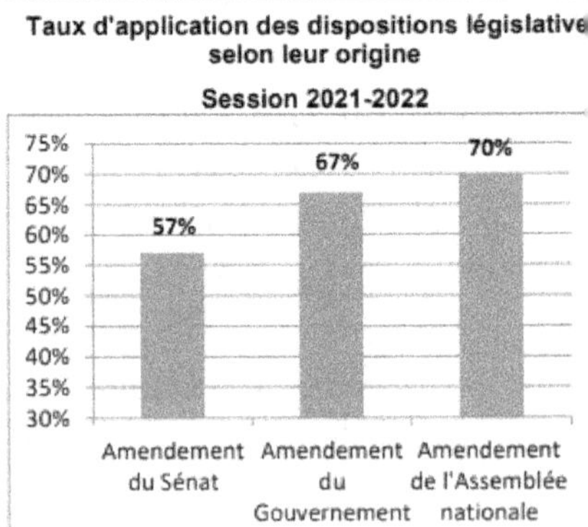

Bon à savoir

Le fait de ne pas prendre les décrets d'application permet au Gouvernement de ne pas voir appliquer une mesure législative qu'il n'approuve pas, surtout si elle a été votée contre son avis. Mais il arrive aussi que les décrets d'application peinent à sortir en raison de la complexité normative du sujet qui rend leur écriture particulièrement difficile.
De même, il est possible que plusieurs décrets soient pris successivement sur le même sujet afin de permettre une meilleure application ou de parer à une difficulté, comme cela a été le cas de la mention concernant « le fait maison ».
Adoptée par la loi n°2014-344 du 17 mars 2014 relative à la consommation, la mention « fait maison » avait pour objectif de mieux informer les consommateurs et de valoriser le travail des restaurateurs sur leur savoir-faire. Un décret était nécessaire pour la mise en œuvre de ce principe, afin de différencier l'acte de cuisine et l'acte d'assemblage. Un premier décret d'application avait été pris le 11 juillet 2014 (n°2014-797), mais il avait été remplacé par un autre le 6 mai 2015 (n°2015-505) afin de gagner en clarté et d'ajouter une obligation supplémentaire pour les professionnels devant recourir à des produits crus, sans considération de procédés de conservation ou de conditionnement.
En cas de dysfonctionnements éventuellement constatés, les parlementaires disposent de quelques moyens d'action : ils peuvent poser une question écrite ou orale[1], écrire une

1.Au cours de l'année parlementaire 2006-2007, les sénateurs ont posé au Gouvernement des questions orales avec débat sur l'application de quatre lois récentes : loi d'orientation agricole, loi en faveur des personnes handicapées, loi contre les vio-

lettre au ministre concerné et la rendre publique sur leur site Internet ou sur les réseaux sociaux. Les commissions peuvent aussi publier des bilans commentés sur l'état d'application des lois. Les rapports et avis budgétaires s'y prêtent bien : l'examen du budget est en effet l'occasion de procéder à un tel suivi. Les auditions de ministres, les questionnaires budgétaires sont autant de moyens pour les parlementaires de sensibiliser le Gouvernement et d'obtenir des informations. En outre, les commissions peuvent organiser une concertation avec le Gouvernement pour l'établissement de certaines mesures d'application : une telle démarche permet de raccourcir les délais de publication de ces mesures et de peser sur leur contenu[1], mais elle suppose aussi une coopération pleine et entière du Gouvernement. Les parlementaires peuvent également déposer des amendements pour pointer du doigt les problèmes ou proposer une rédaction plus encadrée du décret.

lences au sein du couple, loi en faveur des petites et moyennes entreprises.
1. www.senat.fr, Le contrôle de l'application des lois.

L'ÉTUDE D'IMPACT, UN DROIT DE REGARD DU PARLEMENT EN AMONT DU PROCESSUS LÉGISLATIF

Les études d'impact « *définissent les objectifs poursuivis par le projet de loi, recensent les options possibles en dehors de l'intervention de règles de droit nouvelles et exposent les motifs du recours à une nouvelle législation* »[1]. Alors qu'elles ont été instituées par une circulaire, la réforme constitutionnelle de 2008 a consacré leur pratique au plus haut niveau normatif : la loi organique du 15 avril 2009 contraint le Gouvernement à assortir la plupart des projets de loi d'une étude d'impact. Si la constitutionnalisation « *d'une simple pratique administrative* »[2] n'a pas manqué de surprendre, elle répond à une volonté du Parlement « *d'améliorer la qualité de la loi* [par] *la mise en place d'une procédure rigoureuse* »[3]. L'objectif premier des études d'impact est en effet

1. Article 8 de la loi organique du 15 avril 2009.
2. BALCOU Jean-Pierre, « Les études d'impact : mieux légiférer par l'évaluation préalable », *in* PHILIP-GAY Mathilde (dir.), *Les études d'impact accompagnant les projets de loi*, LGDJ, 2012, p. 96.
3. WARSMANN Jean-Luc, *Rapport fait au nom de la commission des lois sur le projet de loi constitutionnelle de modernisation des institutions, op. cit.*, p. 274.

d'obtenir des lois de meilleure qualité en obligeant le Gouvernement à évaluer *ex ante* le dispositif législatif envisagé. La réforme constitutionnelle de 2008 a établi un changement de paradigme en termes de légistique : **l'exécutif ne doit plus se demander « *comment faire la loi* », mais « *pourquoi faire la loi* »**[1].

Pourtant, malgré les ambitions affichées, **les études d'impact font l'objet de critiques récurrentes** : elles ne seraient pas parvenues à endiguer l'inflation législative, le volume des lois et la dégradation de leur qualité[2]. Si la rigueur de certaines études a été unanimement saluée, aussi bien par l'opposition que par la majorité, à l'image de celle accompagnant le projet de loi relatif aux droits et à la protection des personnes faisant l'objet de soins psychiatriques[3], d'autres, en revanche, ont suscité de vives critiques. Ainsi, l'étude d'impact accompagnant le projet de loi relatif à la garde à vue a été décriée à l'Assemblée nationale comme au Sénat pour avoir affirmé que la réforme n'aurait aucune conséquence en termes de ressources humaines sur les

1. PHILIP-GAY Mathilde, « L'obligation de joindre une étude d'impact aux projets de loi. Une illustration des évolutions récentes du droit issu de la Constitution du 4 octobre 1958 », *in Les études d'impact accompagnant les projets de loi*, LGDJ, 2012, p. 154.
2. Lors de ses vœux en 2014, Jean-Louis Debré a regretté que le Conseil constitutionnel ait « à connaître des lois aussi longues qu'*imparfaitement travaillées* ». Le 20 janvier 2015, lors de ces vœux aux corps constitués, le Président de la République François Hollande a souligné que l'exigence « *d'exemplarité* » impliquait « *des lois bien écrites et rapidement mises en œuvre* ». Il a également regretté, à cette occasion, que les lois soient trop « *longues* » et trop « *complexes* ».
3. FILLON François, *Projet de loi relatif aux droits et à la protection des personnes faisant l'objet de soins psychiatriques*, AN, n°2494, 5 mai 2010.

services d'enquête et les services judiciaires[1]. **Malgré leurs imperfections, ces études constituent désormais un outil de contrôle apprécié des parlementaires.**

Contrôle de recevabilité

L'article 39 alinéa 4 de la Constitution dote **la Conférence des présidents** de l'Assemblée nationale et du Sénat d'un pouvoir de contrôle de recevabilité : elle **peut juger du caractère suffisant ou non de l'étude d'impact** au regard des critères fixés à l'article 8 de la loi organique du 15 avril 2009. Celui-ci prévoit que « *les projets de loi ne peuvent être inscrits à l'ordre du jour si la Conférence des présidents de la première assemblée saisie constate que les règles fixées par la loi organique sont méconnues. En cas de désaccord entre la Conférence des présidents et le Gouvernement, le président de l'assemblée intéressée ou le Premier ministre peut saisir le Conseil constitutionnel qui statue dans un délai de huit jours* ».

Il s'agit toutefois d'un véritable contrôle : car « *lorsque les représentants du peuple apprécient la justesse d'une étude d'impact, ils exercent indirectement une forme de contrôle de la rigueur du travail de préparation du projet de loi mené au sein des ministères* ».[2] Le contrôle opéré par le Parlement se présente comme un « *mécanisme explicite*

1. Assemblée nationale, *JO*, 6 avril 2011, p. 2313. Intervention de Jean-Luc Warsmann lors de la discussion en séance sur le projet de loi relatif à la garde à vue le mardi 5 avril 2011.
2. COMBRADE Bertrand-Léo, « L'étude d'impact au Parlement français : un instrument de mutation du rôle des assemblées dans le processus législatif ? », *Revue française d'administration publique* 2014/1, n° 149, p. 201.

d'arbitrage »[1], octroyant la possibilité au président de l'assemblée concernée ou au Premier ministre de saisir le Conseil constitutionnel ; cette modalité constitue un rempart contre un éventuel blocage à un stade prématuré du processus parlementaire.

Le contrôle de recevabilité exercé par les assemblées est de nature essentiellement technique : le Parlement doit s'assurer que les études d'impact respectent les règles fixées par la loi organique du 15 avril 2009. En revanche, **l'article 39 alinéa 4 de la Constitution n'autorise pas le Parlement à se prononcer sur l'opportunité politique du projet de loi** : il ne doit pas vérifier sa pertinence du point de vue politique, mais s'assurer que le Gouvernement présente aux parlementaires une analyse suffisamment étayée. Même si ce contrôle est censé s'apparenter à « *check-list* »[2], il n'est pas dénué d'arrière-pensées politiques : refuser d'inscrire à l'ordre du jour un texte en raison de l'insuffisance de son étude d'impact déstabiliserait le Gouvernement et servirait l'opposition.

En pratique, l'examen de la recevabilité des projets de loi nécessite plusieurs opérations : la Conférence des présidents doit d'abord s'assurer que le projet de loi est accompagné d'une étude d'impact et que celle-ci a bien été transmise au Conseil d'État avec le projet de loi. À l'occasion de sa mission consultative, le Conseil

1. WARSMANN Jean-Luc, *Rapport n° 1009 fait au nom de la commission des lois*, AN, 2 juillet 2008, p. 129.
2. COMBRADE Bertrand-Léo, *L'obligation d'étude d'impact des projets de loi*, thèse de doctorat, Université Paris I Panthéon-Sorbonne, p. 226.

d'État procède à un premier contrôle minutieux de l'étude d'impact, afin de contrôler sa pertinence et sa cohérence. Selon l'importance des insuffisances relevées, Jean-Marc Sauvé, vice-président du Conseil d'État, précise que « *le Conseil d'État invite le Gouvernement à procéder à une régularisation adaptée et proportionnée* »[1]. En fonction de ces observations, les ministères doivent alors compléter l'étude d'impact en conséquence, avant la présentation du texte en Conseil des ministres.

La Conférence des présidents doit ensuite juger de la qualité de l'étude d'impact. Les critères couramment examinés sont : l'efficience, l'accès au système réglementaire, la transparence, l'utilisation d'éléments probants et de l'implication des parties prenantes au travers de leur participation.

L'obligation d'étude d'impact dote la Conférence des présidents d'un droit de regard en amont du processus législatif ; s'il s'agit d'une véritable innovation, cet outil s'avère toutefois restreint. Par des exceptions d'abord : la loi organique n° 2009-403 du 15 avril 2009 a créé plusieurs exceptions à l'obligation préalable, restreignant ainsi le champ de ce nouveau contrôle. L'article 11 prévoit en effet que les projets de loi de finances, projets de loi de financement de la Sécurité sociale, projets de loi de programmation visés au 21e alinéa de l'article 34 de la Constitution, les projets de loi prorogeant des états de crise et les

1. CABRESPINES Jean-Louis, *Études d'impact : mieux évaluer pour mieux légiférer,* Les études du Conseil économique, social et environnemental, 2019, pp. 49-51.

traités visés à l'article 53 de la Constitution ne sont pas soumis à étude d'impact. Ces exceptions, justifiées « *par l'objet spécifique de certaines catégories de projet de loi* »[1], revêtent deux formes : soit une exemption totale, soit un aménagement de la règle. Les propositions de loi et les amendements sont également exemptés d'études d'impact ; ces derniers peuvent faire l'objet d'une étude préalable, sans que son omission empêche la discussion de l'amendement en question[2].

L'appréciation de la qualité des études d'impact s'inscrit dans un cadre procédural rigoureux et contraignant pour les parlementaires. En termes de délais, l'examen des études d'impact constitue une véritable course contre la montre : la Conférence des présidents ne dispose que de dix jours pour se prononcer sur la qualité d'une étude d'impact[3]. Ce délai très bref rend particulièrement difficile l'usage de cette compétence.

Pratique du contrôle

Il existe peu de précédents. La Conférence des présidents du Sénat avait saisi le Conseil constitutionnel sur l'étude d'impact du projet de loi relatif à la délimitation des régions, aux élections régionales et départementales et modifiant le calendrier électoral.

1. HYEST Jean-Jacques, *Rapport sur le projet de loi relatif à l'application des articles* 34-1, 39 et 44 de la Constitution, Sénat, n°196, p. 54.
2. Art. 98-1, RAN.
3. Art. 9, Loi organique n° 2009-403 du 15 avril 2009 relative à l'application des articles 34-1, 39 et 44 de la Constitution.

Le Conseil avait jugé conforme l'étude d'impact à la loi organique[1].

À l'Assemblée nationale, la Conférence des présidents a été convoquée à trois reprises pour s'assurer de la conformité d'une étude d'impact sans jamais aller jusqu'à la saisine du Conseil constitutionnel[2]. Plus récemment, le 11 avril 2023, la Conférence des présidents avait annoncé suspendre l'inscription du projet de loi de programmation militaire 2024-2030 à la demande du président du groupe LR, Olivier Marleix, initiative suivie par d'autres présidents. Le député a fait l'usage de l'article 47-1 du RAN : il considérait en effet que l'étude d'impact ne prenait pas suffisamment en compte l'impact financier, 7 pages seulement lui étant consacrées sur les 376 que comprenait l'étude. Le Conseil constitutionnel a statué en faveur du Gouvernement, sur la conformité de l'étude d'impact dans sa décision 2023-13 FNR du 20 avril 2023, considérant que « *conformément au deuxième alinéa de l'article 8 de la loi organique du 15 avril 2009, cette étude d'impact définit les objectifs poursuivis par le projet de loi, recense les options possibles et expose les raisons des choix opérés par le Gouvernement.* »

1. Décision n°2014-12 FNR du 1er juillet 2014 du Conseil constitutionnel.
2. Il s'agissait du projet de loi relatif à l'immigration du 27 avril 2010, de la réforme des retraites du 31 août 2010, et du projet de loi garantissant l'avenir et la justice du système des retraites du 30 septembre 2013.

Bon à savoir

L'étude d'impact est **rédigée par le Gouvernement**. En effet, les études d'impact sont réalisées par les services du ministère en charge de l'écriture du projet de loi, qui devient **juge et partie**. Une externalisation, ou tout au moins le recours à un organisme extérieur[1], pourrait, dans une certaine mesure, corriger la partialité des études d'impact. Ces dernières provenant du ministère, il est peu probable que le ministre, qui souhaite voir son texte adopté par le Parlement, accepte que soient développés dans l'étude d'impact des arguments contre le projet de loi : il aura plutôt tendance à minimiser les incidences négatives et à mettre en exergue les informations justifiant le bien-fondé du texte. À partir du moment où le procédé d'expertise légistique est réalisé par celui qui décide de légiférer, en l'occurrence le ministre qui engage la réforme, l'objectivité de l'étude d'impact est forcément sujette à caution[2]. Dans

1. Déjà en 2004 le rapport Lasserre établissait que « *les expériences des pays de l'OCDE montrent que le contrôle des évaluations par un pôle central est indispensable. Les exemples des États-Unis, du Canada et du Royaume-Uni montrent que ce pôle est plus efficace : lorsqu'il est indépendant des autorités réglementaires* », LASSERRE Bruno, *Pour une meilleure qualité de la réglementation*, Paris, La documentation française, 2004, p. 37.

2. La circulaire ministérielle du 15 avril 2009 précise que « *c'est au ministre principalement responsable du projet de réforme de prendre en charge la responsabilité de l'*étude d'*impact. Ses services doivent prendre l'attache du secrétariat général du Gouvernement dès la mise en chantier du projet de réforme dans le double but d'arrêter le cahier des charges de l'*étude et de déterminer les concours susceptibles d'être recherchés auprès d'*autres administrations pour contribuer aux travaux d'*évaluation préalable », circulaire du 15 avril 2009 relative à la mise en œuvre de la révision constitutionnelle, *JO*,16 avril 2009 p. 6546.

les faits, l'opportunité du texte est acquise avant même le début des investigations nécessaires à la rédaction de l'étude d'impact. Elle va donc dans le sens de ce dernier mais ce sont des informations intéressantes à éplucher par la majorité comme par l'opposition pour les débats parlementaires.
En outre, avec une majorité relative à l'Assemblée nationale, ou un Sénat qui n'est pas du même bord politique que le Gouvernement, les groupes politiques pourront être amenés à dénoncer régulièrement la qualité des études d'impact, afin de reporter l'inscription à l'ordre du jour du projet de loi. Cette faculté peut devenir un outil privilégié pour l'opposition. Le Conseil constitutionnel reste cependant très prudent pour le moment et ne souhaite pas nécessairement sanctionner le Gouvernement sur cette base. En outre, si l'étude d'impact était censurée, cette décision n'aboutirait qu'à un report dans le temps de l'examen du texte, puisque le Gouvernement peut retravailler l'étude d'impact et redéposer à nouveau le projet de loi afin qu'il soit débattu. Mais l'impact politique d'une telle décision resterait important.

LEXIMPACT, LE NUMÉRIQUE AU SERVICE DE L'ÉVALUATION

Depuis 2019, l'Assemblée nationale a cherché à développer sa capacité *d'évaluation ex ante* à travers différents outils, dont des logiciels. Elle a donc mis en place en 2020 une cellule, nommée LexImpact, rattachée à la direction du contrôle et de l'évaluation et spécialisée dans le chiffrage et la gestion de données.

Historique

LexImpact est un projet innovant, qui a vu le jour en 2019, sous la forme d'une start-up, au sein de la direction interministérielle du numérique, dans le cadre du programme Entrepreneur d'intérêt général, financé par les programmes d'investissement d'avenir. En 2023, l'équipe de LexImpact compte 4 équivalents temps plein et accueille régulièrement des stagiaires.

L'équipe agrège plusieurs types de compétences : science des données, développement informatique et design. Cette pluridisciplinarité permet ainsi de récupérer des données, de les analyser, et de les rendre accessibles par des interfaces adaptées.

Trois raisons principales ont mené à la création de cette cellule au sein de l'Assemblée nationale :

- Tout d'abord, le logiciel OpenFisca, conçu en 2013, souhaitait être utile aux rédacteurs de la loi. En effet, il s'agit d'un moteur de calcul libre et ouvert, en open data, qui permet de calculer de nombreux prélèvements sociaux, prestations sociales et impôts, et de simuler l'impact de réformes sur ces montants[1]. Il était, en 2019, donc principalement utilisé par des économistes, des développeurs et quelques administrations publiques.
- Ensuite, parce que l'Assemblée nationale était consciente que ses capacités d'évaluation *ex ante* étaient limitées, notamment en raison de l'accélération du temps législatif.
- Et enfin, en raison de la première expérimentation réussie en 2019, qui avait permis de co-construire en partenariat avec l'Assemblée nationale un simulateur de l'impôt sur le revenu[2].

Contenu

Initialement, LexImpact proposait aux députés deux simulateurs chiffrant les impacts d'une **réforme paramétrique sur l'impôt sur le revenu** et sur une partie des **dotations aux communes**. Ces deux interfaces

1. www.api.gouv.fr
2. www.leximpact.an.fr. L'ensemble de la méthodologie employée est disponible sur le site.

permettent aux députés d'estimer, en moins d'une minute, l'impact des mesures qu'ils souhaitent proposer sur des cas types qu'ils configurent, ou bien sur le budget de l'État et plus généralement sur la population française. Cet outil est particulièrement utile lors de l'examen des lois de finances. Ainsi, les parlementaires sont à même d'évaluer l'impact des mesures qu'ils souhaitent proposer par voie d'amendements sur différents types de population ou sur le budget de l'État de manière globale.

En 2021, LexImpact a développé un **nouveau simulateur dans le périmètre des cotisations et prestations sociales**. Lors de l'examen des projets de loi de financement de la Sécurité sociale, ce simulateur permet aux députés d'estimer l'effet d'une réforme paramétrique sur des dispositions relatives aux cotisations sociales, patronales et salariales, à la CSG (Contribution sociale généralisée), à la CRDS (Contribution pour le remboursement de la dette sociale) et aux exonérations, ou aux prestations sociales, sur des cas types de salariés du secteur privé. Il est également possible d'estimer les conséquences de modifications relatives à l'impôt sur le revenu sur le budget de l'État et à la CSG sur le budget de la Sécurité sociale. Le calcul de ces impacts budgétaires s'appuie sur une base représentative de la population de l'INSEE qui est améliorée à partir d'autres sources de données comme celles des impôts.

LexImpact ne cesse de développer ses services. Est aujourd'hui également disponible le chiffrage de la prime de partage de la valeur et de la taxe sur la valeur. Le calcul d'impacts budgétaires est, depuis septembre 2023, élargi aux prestations sociales. En outre, afin de compléter l'information des parlementaires, LexImpact a compilé les données INSEE circonscription par circonscription, sur divers sujets d'intérêt, tels que la population, les entreprises, la santé et le logement. D'autres données concernant l'éducation, l'environnement, les transports, etc. seront bientôt disponibles.

Bon à savoir

Le service de LexImpact se trouve à l'adresse https://leximpact.an.fr/. Seul le simulateur budgétaire est uniquement accessible aux députés. Tous les services LexImpact sont en *open* source : leur code, ouvert et transparent, est à la disposition de tous les citoyens. Le simulateur, bien qu'encore difficilement maniable, constitue une source intéressante d'informations et permet de vérifier l'impact des mesures proposées par les parlementaires comme par le Gouvernement. Si ce service est prometteur, il reste encore essentiellement utilisé par les commissaires aux finances et aux affaires sociales.

CONCLUSION

En 1964, Michel Ameller, futur secrétaire général de l'Assemblée nationale, puis membre du Conseil constitutionnel, estimait que « *c'est à l'étendue de leurs moyens de contrôle que se mesure aujourd'hui la force des assemblées parlementaires*[1]. » Le pouvoir de contrôle du Parlement est une des expressions de l'État de droit, un garde-fou de l'équilibre entre les pouvoirs. C'est d'autant plus vrai que depuis 2008, la fonction de contrôle parlementaire a été rénovée : son champ a été étendu et les outils se sont multipliés et confortés comme en témoigne le renforcement de la coopération avec la Cour des comptes. Le pouvoir de contrôle ne se résume plus aujourd'hui à renverser le Gouvernement mais bien à analyser, identifier les difficultés, discuter et vérifier l'activité gouvernementale afin de lui demander des comptes. Le pouvoir de contrôle et d'évaluation est devenu un véritable contrepoids dont les rouages peuvent toutefois se gripper.

1. AMELLER Michel, *Les questions, instrument du contrôle parlementaire*, LGDJ, 1964, p. 9.

Les parlementaires se servent-ils des instruments à leur disposition ?

Les innovations mises en place depuis 2008 sont désormais acquises. On constate d'ailleurs **un investissement croissant des parlementaires dans les activités de contrôle.** Si les sénateurs ont, traditionnellement, toujours eu une appétence particulière dans ce domaine, les députés s'y intéressent désormais davantage, comme l'a montré l'analyse des différents instruments présentés ici. Pour information, certains dispositifs n'ont pas été développés, notamment les organismes extérieurs au Parlement (OEP), dans lesquels siègent, à raison de leur mandat, des parlementaires désignés par leur assemblée. Ces OEP comprennent une grande diversité de structures, recouvrant toutes les formes juridiques présentes dans les divers champs des politiques publiques : autorités administratives, comités consultatifs, conseils d'administration de structures publiques, commissions *ad hoc*... De même, nous avons fait le choix de ne pas consacrer de chapitre sur la Cour de justice de la République (CJR), mentionnée aux articles 68-1 et 68-2 du titre X de la Constitution, qui est une juridiction plutôt qu'un organe parlementaire de contrôle *stricto sensu*, car elle juge pénalement les membres du Gouvernement pour les actes délictueux ou criminels commis dans l'exercice de leur fonction.

Depuis juin 2022, avec la nouvelle configuration de l'Assemblée nationale, le **contrôle est redevenu un instrument politique majeur**. Le Gouvernement ne disposant que d'une majorité relative, les oppositions n'hésitent pas à utiliser toutes les procédures à leur disposition pour peser sur son action ou dénoncer ses manquements. Quant au Sénat, à plusieurs reprises, il n'a pas été de la même couleur politique que celle du Gouvernement. Cette indépendance politique l'a conduit à s'investir pleinement dans les missions de contrôle, effectuant un travail de qualité, mais qui reste partisan.

En outre, force est de constater que **le pluralisme devient aujourd'hui le maître-mot du contrôle** : pluralisme des outils, pluralisme dans leurs utilisations, pluralisme dans leurs impacts ou encore dans les réponses apportées… Les parlementaires de tous bords politiques utilisent les questions écrites et orales sans débat. La diversité politique des parlementaires permet une plus grande émancipation du Parlement comme en témoigne le contrôle effectué sur les nominations présidentielles ou encore le nombre plus important de rapporteurs spéciaux issus de différents groupes. Le pluralisme des assemblées a un impact direct sur la mise en difficulté du pouvoir exécutif, notamment lors du contrôle politique sans effet juridique de l'article 50-1 ou lors des commissions d'enquête. Point culminant, les oppositions à l'Assemblée nationale, fortes numériquement, peuvent renverser le Gouvernement si elles décident de voter ensemble une motion de censure. Sous un autre angle, le pluralisme permet également une plus grande co-construction : le tandem opposition et majorité, se répartissant les postes de président et de rapporteur, arrive la plupart du temps à mener à bien sa mission et à trouver des recommandations communes, même si des blocages peuvent tout de même avoir lieu.

Pour exercer efficacement leur mission de contrôle, les parlementaires bénéficient d'une **information foisonnante et qualitative**. En effet, on compte un grand nombre d'auditions et de rapports produits par chaque organe. On constate également l'intérêt politique grandissant des parlementaires pour l'obtention d'une présidence de groupe d'études, de groupe d'amitié ou de délégation. De même, ils sont de plus en plus demandeurs de missions d'information, de missions flash, pour travailler un sujet en profondeur et gagner ainsi en expertise et en visibilité. L'activité de ces différents organes reste toutefois dépendante de l'implication de leur président.

Quant à l'évaluation des politiques publiques, elle a su trouver sa place au Parlement. Lorsque celui-ci s'est vu attribuer cette nouvelle compétence, les parlementaires doutaient de leur capacité à l'exercer, bien que le développement d'une expertise en matière d'évaluation des politiques publiques soit devenu une nécessité démocratique pour la plupart des parlements européens et anglo-saxons. Pour autant, l'évaluation est bel et bien entrée dans la pratique parlementaire. Le Sénat s'investit pleinement dans le contrôle de l'application des lois, tandis que l'Assemblée nationale ne cesse d'innover en la matière : en ce qui concerne l'évaluation *ex-post*, le CEC collabore désormais avec France Stratégie pour plus d'efficacité et la commission des finances a créé le Printemps de l'évaluation. Pour l'évaluation *ex-ante*, LexImpact, logiciel de simulation de dispositifs législatifs, a été mis en place. Ces innovations montrent toute l'importance que l'Assemblée nationale accorde au contrôle et à l'évaluation.

Promouvoir l'évaluation des politiques publiques au sein du Parlement vise à améliorer la qualité de la loi et devrait freiner l'inflation législative. Pour autant, ce n'est pas nécessairement le cas.

Pourquoi les avancées sur le contrôle sont-elles tout de même limitées ?

Malgré les progrès constatés, **la « culture du contrôle » n'est pas encore pleinement intégrée dans les mœurs parlementaires.** Demeure l'idée que le Parlement n'a pas de moyens d'exercer pleinement sa mission. En réalité, ses instruments sont encore insuffisamment connus du grand public, voire des parlementaires eux-mêmes. En effet, il existe des freins clairement identifiés.

Tout d'abord, **le contrôle parlementaire souffre d'un déficit de notoriété mais également de visibilité.** Le pouvoir de contrôle n'a pas nécessairement mauvaise presse mais il suscite peu d'intérêt des médias. Certes, ces derniers relaient les travaux des commissions d'enquête très politiques, comme celle concernant l'affaire Cahuzac ou encore celle sur les fonds Marianne. En revanche, le rapport de la commission d'enquête sur la pénurie des médicaments et les choix de l'industrie pharmaceutique française, rendu par le Sénat le 6 juillet 2023, a bénéficié d'un faible écho médiatique. Même si des conférences de presse sont systématiquement organisées, la présence des journalistes est variable. En outre, les travaux de l'OPECST ou de la MECSS ne paraissent le plus souvent que dans la presse spécialisée.

La multiplicité des sollicitations et des instruments est aussi un problème. Il existe tellement de dispositifs qu'il est compliqué de trouver la bonne information parmi les nombreux travaux menés par l'Assemblée nationale et le Sénat. De même, il est quasiment impossible de connaître tous les rapports et de suivre l'intégralité des travaux de contrôle et d'évaluation des deux chambres. Sans compter que l'existence d'un pont entre les rouages est parfois difficilement compréhensible. Certains sujets peuvent d'ailleurs être traités plusieurs fois par des organes différents de manière isolée (délégations, commissions, organes permanents...). La multiplication des instruments est une force, car les parlementaires disposent d'un grand nombre d'outils différents, comme une faiblesse, les chevauchements des dispositifs rendant parfois inefficient le travail effectué.

Autre difficulté : **la temporalité**. Alors que le temps législatif tend à s'accélérer, le temps du contrôle et de l'évaluation est souvent long, parfois difficilement compatible avec le temps politique, de plus en plus court. Si les QAG répondent à cette immédiateté, les sujets étant très politiques et d'actualité, elles n'ont lieu que le mardi à l'Assemblée nationale et le mercredi au Sénat. En outre, leur efficacité est souvent contestée : elles sont plutôt perçues comme une pièce de théâtre, même si elles permettent parfois un fléchissement de la politique gouvernementale dans certains domaines. Le temps du contrôle tend aujourd'hui à se raccourcir, comme on peut le voir notamment avec la multiplication des missions flash. Pourtant, le contrôle nécessite une analyse sur une période longue, afin que l'étude soit de qualité et qu'elle puisse bénéficier du recul indispensable : toute investigation, pour être bien faite, prend du temps.

La question des contraintes politiques doit également être soulevée : l'efficacité du contrôle parlementaire était indéniablement limitée par le fait majoritaire. Malgré la majorité relative dont dispose le Gouvernement à l'Assemblée nationale depuis le scrutin de 2022, les députés qui le soutiennent peuvent, s'ils le souhaitent vraiment, dans certaines procédures, ralentir le contrôle voire le rendre inefficace. C'est par exemple le cas avec les commissions d'enquête : il est parfois préférable pour la majorité d'obtenir le poste de président, qui détient un véritable pouvoir de blocage, pour ne pas accepter toutes les auditions voulues par le rapporteur de l'opposition. Dans d'autres cas, la majorité pourra préférer détenir le crayon du rapporteur, afin de contenir les éléments du rapport et choisir les documents à mettre en avant ou non. Il y a donc une réelle stratégie politique dans la distribution des fonctions, dès le début d'une commission d'enquête. Pour illustration, lors de la mission d'information en Conférence des présidents sur la Covid-19, Richard Ferrand avait décidé d'être à la fois président et rapporteur, les huit présidents de commission étant co-rapporteurs. Il choisissait donc qui du Gouvernement était auditionné et à quel moment, avant d'établir le premier rapport, notamment sur la nécessité du confinement et sa réglementation. Mais en abusant de telles astuces, le contrôle parlementaire risque de perdre en crédibilité auprès de l'opinion publique.

En outre, le contrôle et l'évaluation sont des **activités** souvent considérées comme **moins attractives pour les parlementaires** : une mission d'information prend beaucoup de temps sur l'agenda d'un député ou d'un sénateur. De même, technique et opaque pour les citoyens, de nombreux parlementaires peuvent considérer qu'il est difficile de communiquer sur leur travail de contrôle et qu'il est donc moins « payant » politiquement, préférant se focaliser sur le législatif, plus connu et reconnu, et sur leur circonscription pour garder le contact avec leur base électorale.

Se pose aussi **la question de l'efficacité des procédures de contrôle**. Certains outils sont véritablement contraignants, comme une question écrite dont la réponse engage l'administration. De même, une motion de censure, même rejetée à peu de voix, peut fragiliser le pouvoir exécutif. Mais la puissance coercitive des outils de contrôle parlementaires reste toutefois relative : la semaine de contrôle renvoie davantage à un jeu politique qu'à un pouvoir de sanction. L'engagement des forces armées n'a jamais débouché sur une fin de non-recevoir de la part des assemblées. Le contrôle budgétaire se termine toujours par le vote du PLF[1]. Dans une commission d'enquête, l'auditionné qui doit se présenter a le droit de ne pas répondre, comme l'avait fait Alexandre Benalla pour ne pas s'incriminer ou éviter un faux témoignage. Lors d'un rapport d'évaluation d'une loi, les parlementaires peuvent pointer du doigt les décrets non pris, mais le Gouvernement

1. Même si le texte est adopté grâce à l'article 49 alinéa 3 de la Constitution.

n'a pas l'obligation de remédier à la situation. Une étude d'impact imprécise n'a pour l'instant jamais été un motif suffisant pour la non-inscription du projet de loi à l'ordre du jour.

Il convient de souligner que pour dénoncer la politique gouvernementale, les parlementaires n'ont pas nécessairement recours aux instruments de contrôle : ainsi, dans une tribune du *Figaro,* en date du 8 août 2023, 94 parlementaires de droite ont affirmé que « Barkhane », l'opération militaire menée au Sahel, était un échec et écornait la politique de défense du Gouvernement de façon publique. Cette **méthode traditionnelle de communication a parfois plus d'impact** qu'un outil institutionnel classique, grâce aux retombées médiatiques. Le contrôle parlementaire reste donc concurrencé par la communication politique.

Comment rendre le contrôle plus efficace ?

Devant l'importance croissante prise par les activités de contrôle et d'évaluation, il est regrettable que celles-ci soient si peu valorisées. Une véritable marge de progression dans ce domaine est possible.

Tout d'abord en **rationalisant les divers outils**. La multiplication et le chevauchement des instruments rendent difficilement compréhensible et accessible le travail effectué. Il semble tout à fait possible de mettre en place une organisation plus efficace et fluide afin, notamment, d'améliorer la communication entre les organes. Suivant cette logique, le Sénat a instauré depuis 2022 un programme annuel de contrôle, afin de mieux coordonner et de prioriser les différents thèmes et outils à sa disposition.

Ensuite, en **développant le partenariat entre les deux chambres en matière de contrôle et d'évaluation**. Il est nécessaire que l'Assemblée nationale et le Sénat gardent leur liberté dans le choix des sujets traités et les outils qu'ils souhaitent utiliser. Mais les assemblées pourraient travailler plus souvent de concert. Par exemple, dans un souci de cohérence et de limitation de l'inflation législative, un rapport annuel pourrait être remis sur les lois obsolètes. Le Parlement aurait alors l'obligation, une fois par an, à quelques jours d'intervalle, de se prononcer sur ces lois afin d'effectuer le nettoyage du corpus législatif.

Par ailleurs, en **rendant le travail parlementaire plus clair et accessible**. Celui-ci gagnerait à être plus facilement mobilisable par l'ensemble des citoyens. Même si des progrès significatifs ont été faits ces dernières années, davantage de données devraient ainsi être accessibles, en *open data,* sur les différents sites des assemblées. Il serait notamment souhaitable d'avoir connaissance des décrets pris en temps réel par le Gouvernement. Ceux-ci pourraient figurer dans le dossier législatif de chaque texte, comme c'est déjà le cas au Sénat. Pour plus de lisibilité, les rapports de mise en application de la loi, publiés selon l'article 145-7 du RAN, devraient également y figurer.

Enfin, en **renforçant le pouvoir de coercition du Parlement**. Certains dispositifs existants de contrôle et d'évaluation devraient devenir plus contraignants, afin de permettre un contrepoids plus efficient. Par exemple, les parlementaires pourraient disposer d'un véritable pouvoir de sanction en ce qui concerne les décrets d'application, sur le modèle des questions écrites signalées : ils pourraient indiquer le manquement d'un décret non pris au Gouvernement, ce dernier étant obligé de le publier dans le mois qui suit.

En conclusion, malgré une amélioration possible, les procédures de contrôle et d'évaluation, protéiformes et en constante évolution, constituent, aujourd'hui plus que jamais, un aspect essentiel du travail parlementaire. Selon le constitutionnaliste Éric Thiers, « *c'est une nécessité, car le contrôle parlementaire est l'un des piliers de l'État de droit*[1]. » Analyser, critiquer ou encore contester l'action du Gouvernement participe à la qualité des débats publics et des décisions politiques, mais également au respect de la volonté de la Représentation nationale. De par leur impact sur la politique du Gouvernement, ces instruments méritent l'attention de tous ceux qui s'intéressent à la bonne santé démocratique du pays.

1. THIERS Eric, « Le contrôle parlementaire et ses limites juridiques : un pouvoir presque sans entraves », *in Pouvoirs,* 2010/3 n°134, pp 71-81.

SIGLES

CAE : Commission des affaires européennes
CEC : Comité d'évaluation et de contrôle des politiques publiques
CEPP : Commission d'évaluation des politiques publiques
CMP : Commission mixte paritaire
GEVI : Les groupes d'études à vocation internationale
JO : Journal officiel
LFI : La France Insoumise
LIOT : Libertés, Indépendants, Outre-mer et Territoires
LOLF : Loi organique relative aux lois de finances
LPM : Loi de programmation militaire
LR : Les Républicains
MEC : Mission d'évaluation et de contrôle
MECSS : Mission d'évaluation et de contrôle des lois de financement de la Sécurité sociale
MODEM : Mouvement démocrate
NUPES : Nouvelle Union populaire écologique et sociale
PLF : Projet de loi de finances
PLFSS : Projet de loi de financement de la Sécurité sociale
PPR : Proposition de résolution
OPECST : Office parlementaire d'évaluation des choix scientifiques et technologiques
QAG : Questions au Gouvernement
QE : Questions écrites
QOSD : Questions orales sans débat
RAN : Règlement de l'Assemblée nationale
RN : Rassemblement national
RS : Règlement du Sénat

TABLE DES MATIÈRES

Dans la même collection

Pierre Ménat, *Un ambassadeur dans la révolution tunisienne*, 2015.

Pierre Dauptain, *50 ans de mariage*, 2015.

Alessio Motta (dir.), *Discriminations et carrières*, 2016.

Paul Bacot, *Une enfance en Quatrième République*, 2016.

Pierre Dauptain, *Et comment vont les enfants ?*, 2017.

Pierre Ménat, *France cherche Europe désespérément*, 2019.

Sonny Perseil (dir.), *Les métiers de l'asile*, 2019.

Benoît Pénet, *Aimer les bottes*, 2020.

Pierre Ménat, *Entre puissance et défiance : dix questions sur l'Europe post-covidienne*, 2020.

Louise & Sonny Perseil, *Le scandale des assistantes maternelles*, 2020.

Pierre Dauptain, *65 balais*, 2020.

Pierre Dauptain, *Où sont passés les roses et les choux ?*, 2022.

Mélody Mock-Gruet & Hortense de Padirac, *Le petit guide de l'amendement*, 2022.

Pierre Ménat, *L'Union européenne et la guerre*, 2023.

Structures éditoriales du groupe L'Harmattan

L'Harmattan Italie
Via degli Artisti, 15
10124 Torino
harmattan.italia@gmail.com

L'Harmattan Hongrie
Kossuth l. u. 14-16.
1053 Budapest
harmattan@harmattan.hu

L'Harmattan Sénégal
10 VDN en face Mermoz
BP 45034 Dakar-Fann
senharmattan@gmail.com

L'Harmattan Cameroun
TSINGA/FECAFOOT
BP 11486 Yaoundé
inkoukam@gmail.com

L'Harmattan Burkina Faso
Achille Somé – tengnule@hotmail.fr

L'Harmattan Guinée
Almamya, rue KA 028 OKB Agency
BP 3470 Conakry
harmattanguinee@yahoo.fr

L'Harmattan RDC
185, avenue Nyangwe
Commune de Lingwala – Kinshasa
matangilamusadila@yahoo.fr

L'Harmattan Congo
219, avenue Nelson Mandela
BP 2874 Brazzaville
harmattan.congo@yahoo.fr

L'Harmattan Mali
ACI 2000 - Immeuble Mgr Jean Marie Cisse
Bureau 10
BP 145 Bamako-Mali
mali@harmattan.fr

L'Harmattan Togo
Djidjole – Lomé
Maison Amela
face EPP BATOME
ddamela@aol.com

L'Harmattan Côte d'Ivoire
Résidence Karl – Cité des Arts
Abidjan-Cocody
03 BP 1588 Abidjan
espace_harmattan.ci@hotmail.fr

Nos librairies en France

Librairie internationale
16, rue des Écoles
75005 Paris
librairie.internationale@harmattan.fr
01 40 46 79 11
www.librairieharmattan.com

Librairie des savoirs
21, rue des Écoles
75005 Paris
librairie.sh@harmattan.fr
01 46 34 13 71
www.librairieharmattansh.com

Librairie Le Lucernaire
53, rue Notre-Dame-des-Champs
75006 Paris
librairie@lucernaire.fr
01 42 22 67 13

www.ingramcontent.com/pod-product-compliance
Lightning Source LLC
LaVergne TN
LVHW011023061026
849535LV00006B/2022
* 9 7 8 2 3 3 6 4 1 5 6 1 1 *